LA NOUVELLE QUESTION SCOLAIRE

Du même auteur

Le Ghetto français
Enquête sur le séparatisme social
Seuil/La République des idées, 2004

L'Égalité des possibles
La nouvelle société française
Seuil/La République des idées, 2002

ÉRIC MAURIN

LA NOUVELLE QUESTION SCOLAIRE

LES BÉNÉFICES DE LA DÉMOCRATISATION

ÉDITIONS DU SEUIL
*27, rue Jacob, Paris VIe*

ISBN 978-2-02-091467-3

www.seuil.com

Introduction

Un vent mauvais semble se lever. Il souffle en particulier sur l'école et, à travers elle, sur l'utopie d'émancipation dont elle fut à la fois le symbole et le laboratoire. Ce vent ramène avec lui, à la faveur d'un certain conservatisme culturel, voire d'un réel pessimisme social, des idées que l'on croyait passées de mode. Il faudrait, dit-on, avoir le courage de reconnaître qu'en dépit de nos généreuses convictions tous les enfants ne sont pas égaux devant la connaissance et les apprentissages. La nature est ainsi faite qu'il y en aurait de capables et de moins capables. Et, par respect pour les capables autant que par égard pour les moins capables (que l'on fait inutilement souffrir à la tâche), la société aurait pour devoir de faire le tri le plus tôt possible de manière à sélectionner ses futures élites, à optimiser leur développement cognitif et leur utilité sociale, et à ne pas faire perdre trop de temps aux autres.

Cet aristocratisme scolaire se fait entendre aujourd'hui dans plusieurs pays développés. Il a de très anciennes racines, mais s'enveloppe de justifications nouvelles. Ses adeptes ne s'appuient plus guère sur la défense explicite d'un ordre social traditionnel, voire naturel, dont il faudrait perpétuer les hiérarchies. Ils se sont rapatriés sur les terres d'un présumé bon sens : comme les enfants ont naturellement des aptitudes inégales, les mélanger dans les mêmes écoles et leur imposer les mêmes programmes conduit à constituer des classes « ingérables », à tirer les meilleurs vers le bas et à faire baisser le niveau général des élèves. Le solde de la « massification scolaire » s'apparenterait donc à une dramatique perte de qualité et de performance sous laquelle couve, selon certains, une véritable « crise de civilisation ».

Un certain malthusianisme est également de retour sur la scène des idées, singulièrement dans les pays qui affichent un taux de chômage élevé. Plus fatalistes qu'élitistes, les nouveaux malthusiens ne se prononcent pas tant sur la diversité des aptitudes individuelles que sur la réalité des débouchés offerts à la sortie de l'école. Il fut un temps, disent-ils, où l'économie était en mesure de créer de nombreux emplois de qualité et d'accueillir des cohortes toujours plus volumineuses de jeunes qualifiés. Mais, le marché du travail n'étant pas extensible à l'infini et le mouvement de recomposition des emplois étant en panne, l'offre d'insertion professionnelle ne parvient plus aujourd'hui à satisfaire la demande, ni en quantité ni en qualité. Il serait donc tout simplement inutile, pour ne pas dire pervers, d'allonger sans cesse les durées de scolarité et d'ouvrir à tous les vents les portes des différents niveaux de l'école, à commencer par les plus élevés[1]. Faute de l'avoir compris, les politiques de démocratisation scolaire (surtout les plus récentes) auraient attiré les nouvelles générations dans un

1. Cette vision malthusienne était déjà, voilà bientôt quarante ans, la clé de voûte de la grille d'interprétation proposée par Raymond Boudon dans *L'Inégalité des chances. La mobilité sociale dans les sociétés industrielles*, Paris, Armand Colin, 1973.

véritable piège démographique. En augmentant déraisonnablement le volume et les exigences de la demande face à une offre désespérément fixe et décevante, elles auraient alimenté un processus de dévalorisation des diplômes et des titres en circulation. Elles auraient finalement transformé en monnaie de singe les précieux sésames d'autrefois, aiguisant le ressentiment d'une jeunesse studieuse, prête à de coûteux sacrifices, mais bientôt découragée. Le « blues » du jeune déclassé vivant aux crochets de sa famille et attendant sur le paillasson de la vie active qu'on lui ouvre les portes de l'âge adulte serait le fruit amer de ce diabolique engrenage.

L'arrière-pensée des nouveaux malthusiens se devine aisément : il est criminel de faire miroiter aux yeux d'un trop grand nombre des horizons que peu atteindront, faute de places disponibles. Autrement dit, il vaudrait mieux installer d'emblée la majorité des enfants dans l'idée d'une vie digne, mais modeste. Au spectre de « l'inflation scolaire », ils opposent en somme, sans toujours l'avouer, la rude perspective d'une stagnation résignée.

Élitistes et malthusiens ne sauraient être confondus. Ils ne présentent pas les mêmes arguments. Ils ne partagent pas non plus les mêmes valeurs. Mais d'objectives convergences d'intérêts les rassemblent aujourd'hui sur une ligne conservatrice et les conduisent à faire cause commune autour d'une idée simple et de plus en plus consensuelle : il serait temps d'interrompre le grand processus de démocratisation qui a caractérisé de nombreuses politiques éducatives occidentales depuis cinquante ans. Face à ce bilan aussi sommaire qu'accusateur, il est urgent de repenser en profondeur ce que furent les objectifs et les conséquences réelles de ces politiques de démocratisation scolaire[1] menées tout au long de la deuxième moitié du XXe siècle.

L'idée selon laquelle il faudrait aujourd'hui suspendre le mouvement de démocratisation, voire démanteler certaines de ses réalisations récentes, repose en effet le plus souvent sur un bilan superficiel et trompeur des efforts entrepris ces dernières décennies. Surtout, elle est peu soucieuse des nouvelles articulations entre éducation et économie, dans un monde qui se transforme au même rythme que les afflux de nouveaux diplômés et qui accorde toujours plus de prix au capital humain, aux compétences, aux qualifications et à la capacité d'évolution de chacun. La nouvelle question scolaire se dessine précisément à la jonction de ces deux problèmes : l'évaluation de ce qui a été accompli et la compréhension des nouveaux enjeux de l'éducation dans l'environnement économique qui est le nôtre.

Un problème d'évaluation, pour commencer. Les sceptiques utilisent des instruments souvent inadéquats pour mesurer l'effet des politiques de démocratisation scolaire. Celles-ci doivent être jugées au regard de leurs ambitions initiales. La question n'est donc pas de savoir si les classes sont aujourd'hui plus faciles à gérer qu'hier (elles le sont certainement moins, il est inutile de l'ignorer), mais si les élèves qui ont bénéficié de cette ouverture ont connu des destins sociaux plus enviables et plus justes que si ces politiques n'avaient pas vu le jour. Pour le montrer, il faut s'efforcer de construire des hypothèses aussi plausibles et

1. La « démocratisation scolaire » désignera ici l'ensemble des réformes qui ont peu à peu ouvert les différents cycles d'enseignement à des milieux sociaux qui, jusqu'alors, n'y avaient pas ou rarement accès, en marginalisant la sélection précoce des enfants et en favorisant l'expansion des scolarités.

cohérentes que possible avec les données d'observation, sur ce qu'auraient été le destin des générations bénéficiaires de la démocratisation si cette dernière n'avait pas eu lieu. Il ne suffit pas, par exemple, de comparer à diplôme égal des jeunes gens de 25 ans aujourd'hui avec des jeunes gens de 25 ans il y a vingt ou trente ans, comme le font de nombreuses analyses. Car cet exercice compare des situations qui ne sont pas comparables et conduit immanquablement à des conclusions alarmantes, mais erronées, sur le déclassement des jeunes et la dévalorisation des diplômes. Je montrerai au contraire, que la qualité de l'insertion professionnelle (et les carrières salariales) évolue au fil des générations bénéficiaires de la démocratisation scolaire de façon bien plus favorable qu'au fil de celles nées un peu trop tôt ou un peu trop tard dans l'histoire des institutions scolaires de leur pays pour en avoir profité. C'est de cela qu'il faut bien prendre conscience si l'on veut comprendre pourquoi certains pays continuent aujourd'hui d'investir massivement dans les politiques d'ouverture du système éducatif.

Un problème de compréhension des enjeux de l'éducation dans notre environnement économique, ensuite. Si l'école a bel et bien pour mission de donner à tous les moyens de s'insérer dans la société, d'accéder à l'autonomie et de s'y accomplir, elle doit non seulement former des citoyens éclairés et responsables, mais aussi s'inquiéter sérieusement des transformations du monde économique qui les attend. C'est un lieu commun aujourd'hui de répéter que les emplois de demain exigeront plus de qualifications et que les carrières, moins continues et linéaires qu'hier, demanderont à chacun des capacités d'évolution, de formation professionnelle et de reconversion. Si cela est vrai, nous ne pouvons plus, encore moins que par le passé, nous contenter de viser l'excellence pour quelques-uns, de sélectionner de petites élites et d'abandonner les autres à leur fragilité. Il nous faut au contraire penser un système éducatif capable de porter une large proportion de chaque classe d'âge à un niveau très élevé d'employabilité. De ce point de vue, l'objectif de justice sociale des politiques de démocratisation se double d'un objectif d'efficacité économique.

Les malthusiens répondraient certainement que la quantité et la qualité des emplois disponibles n'en restent pas moins indépendantes de la quantité et du niveau de la main-d'œuvre mise sur le marché du travail. Mais cette affirmation est empiriquement très discutable. Car, si le niveau de la main-d'œuvre n'est pas une condition suffisante à la création d'emplois correspondants, il en reste une condition nécessaire. Les efforts d'alphabétisation de populations entières tout au long du XIXe siècle ont par exemple permis l'apparition d'un marché du livre et de l'édition. Ils n'y ont certes pas suffi, mais sans eux ce développement n'eût tout simplement pas été possible.

Considérer que l'emploi est une question autonome, qu'il se développe en vase clos et qu'en conséquence il convient de suspendre les efforts d'ouverture du système éducatif, revient ainsi en réalité à faire un pari de stagnation. Ce choix peut aussi cacher un autre pari, plus conservateur, qui consisterait à orienter la plus grande partie d'une classe d'âge vers des emplois faiblement qualifiés qui ne seront plus, comme par le passé, des emplois industriels, mais plus probablement des emplois de services, et à cultiver une élite de travailleurs hautement compétitifs dans quelques domaines de pointe. Un tel pari est aveugle aux évolutions aujourd'hui perceptibles un peu partout dans le monde développé, où l'arrivée en masse et la banalisation de salariés très diplômés n'empêchent aucunement la poursuite de l'augmentation de leur rémunération et de leur statut par rapport à ceux des autres salariés.

Pour développer ces arguments, ce livre s'appuie sur le renouveau de l'économie empirique, discipline aujourd'hui en plein essor au sein des sciences économiques, particulièrement dans le domaine de l'éducation. Ce courant de recherches accorde la primauté à l'analyse méticuleuse des faits et traque, dans les ruptures et discontinuités de l'histoire institutionnelle et économique des sociétés, les traces des lois fondamentales qui les régissent.

Déjà bien vivant aux États-Unis, il est encore naissant en Europe, même si l'on peut déjà porter à son actif quelques belles réussites[1]. En Angleterre, le *Center for Economics of Education* (CEE) créé par Tony Blair, et aujourd'hui dirigé par Steve Machin, est à l'origine d'un impressionnant flux de travaux dont la densité et la qualité n'ont pas d'équivalent ailleurs en Europe. Son influence est aujourd'hui très forte sur les débats britanniques[2]. En France, les travaux de Thomas Piketty sur l'effet de la taille des classes ou de Francis Kramarz et ses collègues sur les zones d'éducation priori-

1. L'approche empirique en économie de l'éducation a bénéficié du fait que certains des plus grands spécialistes contemporains des méthodes statistiques et économétriques, comme James Heckman, Joshua Angrist ou David Card, ont fait des questions éducatives le domaine privilégié de leurs réflexions théoriques sur l'identification des relations causales en sciences sociales.

2. Pour une introduction aux travaux du CEE, on peut consulter le recueil *What's the Good of Education ?* édité par Steve Machin et sa collègue Anna Vignoles aux Princeton University Press (2005). Les universitaires anglais bénéficient d'un accès très large et simplifié aux données, ce dont malheureusement ne peuvent se prévaloir beaucoup de leurs collègues issus d'autres pays européens.

taire ont marqué le débat public récent par leur qualité et leur pertinence. Il faudrait également citer, entre autres, les travaux de Hessel Oosterbeek et Edwin Leuven à Amsterdam, d'Andrea Ichino et Daniele Checchi à Milan ou encore de Kjell Salvanes à Bergen (Norvège). En imposant une grande rigueur dans l'interprétation des données d'enquête disponibles, cette nouvelle discipline est de nature à renouveler une partie des débats traditionnels sur l'école.

En outre, la science économique est sans doute aujourd'hui l'une des branches des sciences sociales les plus intégrées au niveau international. Il existe entre chercheurs des différents pays un accord assez large sur la façon de poser les hypothèses théoriques et sur les étapes devant être respectées par un bon protocole de validation empirique. L'un des dangers de cette évolution est un certain « formatage » de la pensée et des argumentations. Mais l'un de ses avantages évidents est la possibilité d'ouvrir plus largement le spectre géographique de la réflexion.

C'est pourquoi le livre qu'on va lire traite ainsi aussi bien de la France que de l'Angleterre, de l'Irlande, de la Suède ou de la Norvège. Il puise autant dans les expériences finlandaises que dans les expériences américaines, chiliennes ou australiennes. Les systèmes éducatifs de ces différents pays ne sont bien sûr pas immédiatement comparables et les réformes qui les ont marquées n'ont suivi ni le même schéma ni la même chronologie. Mais, on le verra, cela n'interdit en rien de tirer de chaque expérience nationale un enseignement historique précis, puis, du faisceau de ces lumières partielles et datées, une leçon plus générale sur les conséquences profondes de la démocratisation de l'enseignement.

Ce livre épouse, pour ainsi dire, le mouvement de l'histoire qu'il étudie. Il examine dans un premier temps le bilan des politiques de démocratisation les plus anciennes : celles qui ont concerné le collège. Il se penche ensuite sur les expériences les plus récentes et souvent les plus inachevées : celles qui concernent le lycée, voire l'université. Enfin, il se risque à un exercice de prospective : est-il pertinent de poursuivre ce mouvement d'ouverture ? Et si nous devions le faire, quelles difficultés faudrait-il résoudre et comment y parvenir ?

S'agissant du collège unique, les expériences scandinaves sont à la fois les plus anciennes et celles dont on peut tirer aujourd'hui le bilan le plus précis. Il est indiscutablement positif, notamment du point de vue des inégalités de destin entre enfants de milieux sociaux différents. Les jeunes Suédois ou les jeunes Finlandais issus de milieux modestes ont connu des carrières bien meilleures après le passage au collège unique. Contrairement à une idée qu'aiment caresser les nostalgiques de tous bords, ce sont bel et bien les plus doués des enfants des classes populaires qui perdaient le plus au jeu de la sélection précoce.

Les expériences britanniques ou françaises furent plus tardives, plus douloureuses et, finalement moins abouties. Les Anglais mirent plus de dix ans à abandonner leur système ultra-sélectif de *grammar schools*, et les Français davantage encore à unifier, en théorie sinon en pratique, les différents *ordres* de leur système scolaire. Un examen méticuleux de l'évolution des inégalités de destin avant, pendant, et après les réformes conduit néanmoins à des conclusions très proches sur le fond, de celles obtenues en Scandinavie. L'impitoyable sélection à 11 ans en vigueur en Angleterre ou en France avant les grandes réformes des années 1960 était une source d'inégalités considérables entre personnes issues de milieux sociaux différents, inégalités que l'unification des scolarités secondaires a, en partie, réussi à gommer.

Autant il existe aujourd'hui un corpus d'études solides sur les effets du passage au collège unique dans les sociétés d'après-guerre, autant les réformes plus tardives, ouvrant l'accès au lycée et aux premiers cycles universitaires, restent moins bien connues. Ce livre propose une analyse inédite de la réforme menée en France à la fin des années 1980. Ce pays est aujourd'hui sans aucun doute l'un de ceux où le mouvement de démocratisation est le plus durement remis en question, y compris par ceux qui en furent naguère les plus fervents défenseurs. La persistance d'un chômage élevé chez les jeunes a fini par miner une grande partie des espoirs placés dans les capacités émancipatrices et productives de l'éducation.

Contrairement à une idée reçue, la réforme française de la fin des années 1980 a pourtant entraîné, en quelques années seulement, un redressement de la qualité de l'insertion professionnelle des générations qui se sont succédées. Il existe une coïncidence très claire entre les accélérations et les ralentissements de la politique éducative menée durant cette période, et les évolutions de la situation professionnelle des jeunes sur le marché du travail. La démocratisation du lycée à la fin des années 1980 s'est accompagnée d'une baisse des taux de chômage parmi les actifs à l'entrée sur le marché du travail (et d'une hausse des taux d'emploi parmi l'ensemble des jeunes à la sortie de l'école). Symétriquement, la mise entre parenthèses de l'effort de démocratisation scolaire dans les années 1990 a eu pour contrepartie l'interruption de ce redressement et le retour à une stagnation des situations professionnelles à l'entrée sur le marché du travail.

La suspension de la politique d'ouverture du lycée et de l'université en France depuis le milieu des années 1990 ne rend ainsi pas justice au véritable bilan de cette politique, lequel n'avait en réalité jamais été vraiment tiré. Surtout, ce coup d'arrêt est en complet déphasage avec les évolutions actuelles des emplois au sein des entreprises, telles qu'observées en France, mais aussi un peu partout ailleurs dans le monde développé, en Angleterre, aux États-Unis ou en Allemagne. Partout les tâches les plus faciles à mémoriser et programmer à l'avance, y compris les plus complexes, disparaissent au fur et à mesure que les nouvelles technologies se développent et se diffusent. Les salariés peu ou moyennement qualifiés voient ainsi une partie importante de leurs débouchés naturels se raréfier et leurs statuts se précariser. Inversement, la demande des entreprises s'accroît pour les salariés les mieux formés, les plus susceptibles d'agir et d'interagir dans un contexte non programmable à l'avance, notamment dans les domaines de la communication, de la conception et des études. Les nouvelles technologies accroissent le champ d'action des salariés les plus formés plus qu'elles ne se substituent à eux.

Tant au regard de l'histoire qu'au regard des tensions actuelles du marché du travail, il semble donc aujourd'hui nécessaire de franchir un nouveau cap scolaire : celui d'une réelle démocratisation de l'enseignement supérieur. Cet objectif ne pourra toutefois être atteint qu'à condition de répondre à des questions difficiles, encore largement ignorées. L'enseignement supérieur et l'enseignement secondaire produisent deux « biens » sensiblement différents et leur diffusion dans la société exige de résoudre des problèmes distincts. Les schémas d'autrefois ne pourront pas s'appliquer mécaniquement.

Autant le soutien à la formation secondaire d'un adolescent s'apparente à un investissement public dont toute la société (et pas seulement le jeune lui-même) bénéficiera, autant le choix de poursuivre des études supérieures constitue un investissement privé dont le premier bénéficiaire sera le futur ex-étudiant lui-même. Si l'on accepte cette distinction, le financement de la diversification ou de la professionnalisation des formations supérieures appelle des politiques de nature assez différentes de celles menées pour l'expansion des formations secondaires. Ce livre propose un examen des expériences menées en Australie, mais également en Angleterre, visant à augmenter la contribution financière des contribuables diplômés, ex-étudiants du supérieur, par rapport à celle des autres contribuables. Dans la mesure où elles sont menées avec suffisamment de prudence, ces politiques paraissent une voie incontournable pour le développement de l'offre de formation supérieure, mariant justice et efficacité.

Développer l'enseignement supérieur n'est bien entendu pas un simple problème d'offre. Cela ne sera possible que si la demande des familles et des étudiants augmente également. Cet objectif pose des problèmes là encore très différents de ceux qu'ont pu rencontrer dans le passé les réformes allongeant la durée minimum de scolarisation. Dans des pays comme l'Angleterre ou même la France, un nombre important de jeunes renonce dès l'adolescence à achever une formation secondaire. Ces destins tronqués se dessinent en réalité très tôt, dès le plus jeune âge, avant même l'école primaire. C'est pourquoi ce livre discute les politiques menées contre l'échec précoce, aussi bien en direction des adolescents et de leur famille, qu'auprès des tout jeunes enfants, avant leur entrée à l'école primaire. Il ne fait aujourd'hui guère de doute qu'une politique éducative ciblée sur les tout-petits issus de familles pauvres peut avoir des effets considérables et extrêmement bénéfiques sur le long terme. En même temps, il ne faut pas se voiler la face : il est indispensable de bien comprendre pourquoi les politiques concrètement mises en œuvre à grande échelle (comme l'école maternelle en France ou le programme *Head Start* aux États-Unis) peinent à obtenir des résultats vraiment significatifs et échouent à amener l'ensemble d'une classe d'âge sur un pied d'égalité à l'orée des scolarités primaires.

Ce livre tentera enfin de signaler quelques impasses. Ainsi, les réformes visant à augmenter le choix des familles en libérant la compétition entre les établissements scolaires (par exemple, en supprimant la sectorisation scolaire) ne laissent pas imaginer de clairs bénéfices là où elles ont été menées, et posent en revanche de sérieux problèmes sociaux.

Tout ceci ne forme pas un hymne naïf à la démocratisation scolaire. Il est évident qu'elle soulève aujourd'hui des difficultés nouvelles. Mais, pour peu que l'on accepte de considérer sérieusement les données recueillies depuis une cinquantaine d'années et que l'on reconnaisse les mutations fondamentales de l'économie, force est de constater que cette politique a été et demeure un puissant instrument de progrès et de justice.

PREMIÈRE PARTIE

L'âge du collège unique

Les politiques de démocratisation scolaire se sont d'abord intéressées au cycle qui suivait immédiatement l'enseignement primaire : elles ont tenté de déverrouiller les portes d'études plus longues et moins sélectives pour tout le monde en unifiant les différentes filières de l'enseignement secondaire. Leur objectif était de réduire les inégalités de destin entre enfants, lesquelles étaient particulièrement fortes dans les sociétés occidentales d'après-guerre.

Ce sont les expériences les plus anciennes et, pour cette raison, celles qui se prêtent le mieux à un travail d'évaluation sur le long terme. On peut en effet savoir ce que sont devenus, quelques décennies plus tard, les enfants qui inaugurèrent ces nouveaux systèmes, comparer leur trajectoire avec celle de leurs aînés et mesurer l'avantage qu'ils ont pu avoir sur eux.

Le mouvement historique qui s'amorce avec ces premières expériences n'est toutefois ni synchrone ni universel. Si de nombreux pays ont abandonné depuis longtemps l'idée de sélectionner les meilleurs élèves à l'issue de l'école primaire pour leur proposer un enseignement à part dans des institutions d'élite, tous ne l'ont pas fait au même rythme. La Suède a tourné le dos à cette philosophie dès les années

1950. L'Angleterre et la Norvège, un peu plus tard. La France est passée au collège unique dans les années 1960 et 1970, même si elle a longtemps maintenu (et maintient encore) des formes d'orientation précoce vers des enseignements de type technique.

Par ailleurs, certains pays restent en marge de ce mouvement: l'Allemagne, l'Autriche, la Hongrie ou l'Irlande du Nord demeurent attachées aujourd'hui encore à un enseignement secondaire strictement différencié selon les aptitudes scolaires révélées à l'école primaire. Dans ces pays, seuls les meilleurs élèves du primaire ont la possibilité de suivre un enseignement secondaire préparant à des études supérieures.

La diversité des situations ne peut cependant masquer la communauté des problèmes et des interrogations. En surface, les arguments échangés par les défenseurs des différents systèmes se drapent d'objectivité. Les débats portent, par exemple, sur l'efficacité des classes de niveaux homogènes par opposition aux classes hétérogènes et « ingérables » censées caractériser la démocratisation scolaire. Vaut-il mieux mélanger tous les élèves dans les mêmes classes ou bien les trier pour former des groupes plus cohérents ? Les uns avancent que de tels groupes permettent un enseignement mieux ciblé et mieux adapté aux différents types d'élèves. Les autres dénoncent l'effet déprimant, pour les plus faibles, d'une relégation dans des classes de « seconde zone ».

Toutefois, les querelles circonstanciées sur la forme et la composition des classes ou encore sur la durée idéale de la scolarité obligatoire cachent bien souvent des préoccupations beaucoup plus générales et idéologiquement plus marquées. En profondeur, chacun aborde le débat armé de ses convictions les plus intimes sur la nature des inégalités entre les enfants. Tous les enfants sont-ils faits pour recevoir le même enseignement jusqu'à l'âge de 16 ans ? N'est-il pas inutile et même contre-productif de vouloir forcer l'ensemble d'une génération à suivre les mêmes apprentissages ? N'est-ce pas sacrifier la réalité à un idéal certes généreux, mais illusoire ?

Ces questions ne datent pas d'hier et ne sont nullement le monopole de tel ou tel pays. Elles sont le fait de sociétés qui interrogent leurs hiérarchies les plus fondamentales à la lumière de la promesse démocratique, en même temps qu'elles se crispent à l'idée de les remettre en cause. La quête d'une cité libre, composée d'individus à la fois égaux et autonomes, ne peut s'accommoder bien longtemps de destins sociaux tracés d'avance, d'un jeu où l'égalité formelle des droits dissimule mal la formidable puissance de l'hérédité et de la richesse. En ce sens, les politiques de démocratisation scolaire constituent une étape décisive de l'histoire des démocraties en général. Mais l'entreprise égalisatrice qu'elles mettent en œuvre se heurte immanquablement aux résistances des sceptiques et des conservateurs, autant qu'aux écueils de l'infinie diversité des aptitudes individuelles. De sorte qu'en dépit même des avancées, les doutes demeurent ou resurgissent périodiquement, et que rien ne semble jamais acquis définitivement.

Une façon de faire avancer ces débats récurrents serait de s'entendre sur les effets de la démocratisation scolaire, en essayant d'en objectiver les bénéfices ou les échecs. Pour cela, on peut tenter de comparer les performances des pays selon qu'ils pratiquent ou non la sélection précoce de leurs élèves. Observe-t-on vraiment davantage d'égalité dans les pays les moins sélectifs ? Et ce surcroît d'égalité s'obtient-il réellement au détriment du niveau général des élèves ?

En fait, les comparaisons brutes des performances des adolescents dans les divers pays occidentaux à l'issue du collège ne révèlent pas de réponses très tranchées ni très robustes. Surtout, quand on y réfléchit un peu, ces comparaisons n'ont rien de très évident. Il est un peu héroïque de vouloir imputer d'éventuelles différences de performance en mathématiques à 15 ans entre les jeunes Allemands et les jeunes Anglais, par exemple, au seul fait que les premiers ont été scolarisés dans un système sélectif et non les seconds. Les inégalités scolaires se creusent petit à petit. Elles se cumulent lentement tout au long de l'enfance et ne dépendent, en réalité, qu'à la marge de la façon dont se déroulent les quelques années d'enseignement secondaire obligatoire.

Pour évaluer de façon un peu plus précise l'effet de ces quelques années de secondaire, il est au minimum nécessaire d'essayer d'isoler la façon dont évoluent les performances scolaires à l'adolescence, entre le début et la fin du collège, selon qu'il est ou non organisé en filières sélectives. Dans un article récent, deux chercheurs, Eric Hanushek de l'université de Stanford et Ludger Wossman de l'université de Munich, s'attaquent à ce problème en mobilisant une impressionnante batterie d'enquêtes internationales récentes décrivant pour une vingtaine de pays les performances des élèves en fin de primaire, à 11 ans, d'une part, et en fin de collège, à 15 ans, d'autre part[1].

S'agissant des inégalités scolaires entre enfants, le diag-

1. Eric Hanushek et Ludger Wossman, « Does Educational Tracking Affect Performance and Inequality : Difference in Differences Evidence across Countries », IZA discussion paper, 2005. Pour tester la robustesse de leurs résultats, les deux auteurs mettent à contribution pas moins de six enquêtes internationales : PISA 2000, PISA 2003, TIMSS 1995, TIMSS 1999, TIMSS 2003, PIRLS 2001.

nostic des deux chercheurs semble assez solide : les pays où l'on observe le plus fort accroissement de la dispersion des résultats aux tests de mathématiques ou de lecture entre 11 ans et 15 ans sont précisément ceux qui sélectionnent le plus tôt leurs élèves. Sur un échantillon de dix-huit pays occidentaux, ceux où les inégalités s'accroissent le plus à l'adolescence sont également ceux dont l'enseignement secondaire est le plus sélectif (Allemagne, Grèce, Italie, notamment). Inversement, les pays où les inégalités progressent le moins sont ceux dont l'enseignement secondaire est le moins sélectif (États-Unis, Norvège, Canada…). Selon les auteurs, au moins un quart des différences internationales concernant ces inégalités scolaires s'explique par des différences de sélection d'un pays à l'autre.

S'agissant du niveau général des élèves, le diagnostic reste favorable aux pays qui ont adopté le collège unique. Par exemple, quand on analyse les progrès entre 11 ans et 15 ans en mathématiques des élèves qui se trouvaient en fin de primaire en 1995 et en fin de collège en 1999, on observe que ces progrès sont en moyenne plus importants dans les pays qui ne pratiquent pas la sélection précoce. À l'issue de leur exploration, E. Hanushek et L. Wossman concluent que ce genre de sélection est non seulement source d'inégalité, mais sans doute aussi d'inefficacité dans l'enseignement secondaire.

Faut-il s'arrêter là ? Les comparaisons internationales ont un certain succès aujourd'hui, notamment en matière de politiques éducatives : la mode du « benchmarking » a alimenté le goût pour les classements internationaux. Pourtant, ces comparaisons ont aussi leurs limites. L'une d'entre elles réside dans leur fragilité statistique. Il est assez habituel de voir les résultats de ce type d'analyse remis en question en enlevant ou en ajoutant ne serait-ce que deux ou trois pays à l'échantillon de référence des chercheurs. Leurs conclusions s'en trouvent alors sensiblement modifiées.

Plus fondamentalement, quand bien même le résultat s'avérerait vraiment robuste, l'interprétation en resterait difficile. Dans un passé pas si lointain, tous les pays considérés pratiquaient la sélection précoce, sans exception ou presque. Certains d'entre eux, à un moment donné de leur histoire, ont décidé et réussi à abolir ce système, en dépit des fortes réticences politiques rencontrées. Aujourd'hui, ces mêmes pays se trouvent être également ceux où les inégalités progressent le moins vite durant les années de collège (et le niveau des performances en mathématiques et en lecture, le plus vite). On peut y voir, comme E. Hanushek et L. Wossman, le signe de l'impact positif des réformes éducatives sur la qualité des scolarités à l'adolescence. Mais on ne peut pas s'empêcher de penser à une causalité inverse : n'est-ce pas dans les pays où, historiquement, les inégalités se creusaient le plus durant les années de collège que les politiques de démocratisation ont eu le plus de mal à s'imposer ? Dans cette hypothèse, les meilleures performances observées dans les pays aujourd'hui réformés ne seraient pas tant le fruit des politiques engagées que l'héritage d'une situation plus favorable qui préexistait aux réformes.

Pour explorer plus avant les effets de la démocratisation scolaire, il est nécessaire d'adopter une perspective plus dynamique et de comparer non pas plusieurs pays en un point donné du temps, mais plusieurs points du temps dans chaque pays, avant et après la mise en place des systèmes réformés. On touche ici un point central de l'analyse : les comparaisons internationales qui circulent aujourd'hui ignorent trop souvent le cours particulier des histoires nationales.

Elles photographient des écarts à l'instant *t*, mais manquent les trajectoires singulières, les tendances qui permettraient justement d'évaluer les effets propres des politiques éducatives mises en place. C'est précisément à ce travail que nous allons nous livrer en examinant un ensemble de réformes menées dans l'après-guerre en Scandinavie, en Angleterre, en Irlande du Nord et en France.

Les réformes de l'« école unique » conduites à travers le monde occidental depuis maintenant plus de cinquante ans ont eu pour conséquence d'imposer un plus grand mélange des diverses catégories d'élèves au sein des établissements scolaires. Leur effet devait donc dépendre très directement du degré d'homogénéité des sociétés dans lesquelles elles ont pris place, ainsi que de la capacité des autorités à promouvoir un enseignement homogène pour des populations plus ou moins bien intégrées. C'est pour cette raison qu'il est très important de pouvoir évaluer le passage au collège unique dans des contextes aussi différents que ceux des sociétés scandinaves, des pays anglo-saxons ou encore d'un pays d'Europe continentale comme la France.

C'est en Suède, en Norvège et en Finlande que ces réformes ont été menées à leur terme avec le moins de tergiversations. C'est également dans ces pays que le législateur a été le plus soucieux de se donner les moyens d'évaluer l'effet de ses décisions aussi rigoureusement que possible. Comme nous allons le voir, les leçons de ces expériences scandinaves sont tout à fait édifiantes : la mise en place de l'école unique s'est accompagnée d'une baisse très sensible des inégalités de destin entre enfants, sans altérer le niveau moyen des élèves.

CHAPITRE PREMIER

La réforme comme expérience sociale : le cas des pays scandinaves

En simplifiant le trait, on peut dire que les premières politiques de démocratisation scolaire ont deux types d'effets : l'un très visible et l'autre beaucoup moins. La conséquence la plus visible est d'ouvrir brutalement les portes des différents niveaux du collège, puis du lycée, à de nouveaux publics : des enfants d'origines modestes et très modestes, en moyenne moins efficacement soutenus par leurs familles et moins bien préparés à des études longues. Il en résulte des difficultés inédites pour les enseignants. Ceux-ci doivent soudain faire face à des classes beaucoup plus hétérogènes et à une impression générale d'affaiblissement du niveau moyen des élèves. D'où le sentiment très répandu que « le niveau baisse », que les diplômes sont « bradés », que « le système se délite »... Sentiments particulièrement vifs dans les milieux sociaux autrefois protégés de toute concurrence scolaire, et d'autant plus sujets à la nostalgie que la démocratisation brouille les relations entre les mots et les choses. Enseignement secondaire, brevet, lycée, baccalauréat... : le même vocabulaire n'a pas la même signification avant et après la réforme. Le changement bouleverse les repères, les rapports d'autorité, les hiérarchies. Il tend à démoraliser acteurs et bénéficiaires de l'ancien système qui peuvent vivre le changement comme une forme de destitution. En même temps, ces réformes permettent à des générations entières d'enfants – et plus particulièrement d'enfants issus de familles ouvrières ou paysannes [1] – de poursuivre leurs études. Elles leur donnent accès à des qualifications qu'ils n'auraient pas obtenues sans elles et, par la suite, à des avantages personnels et salariaux impensables une ou deux décennies plus tôt.

Il s'agit d'une conséquence beaucoup moins visible et beaucoup plus difficile à mesurer. N'importe quel enseignant peut faire l'expérience concrète du décalage considérable qui sépare les résultats des enfants d'ouvriers et ceux des enfants de professeurs ou d'ingénieurs. En revanche, personne ne pourra jamais mesurer directement tous les bénéfices qu'un enfant d'ouvrier a pu tirer de la fréquentation du collège plutôt que celle, dès 14 ans, des chantiers ou de l'usine. C'est malheureusement au niveau de ces transformations invisibles que se situe l'enjeu le plus fondamental de ces réformes.

Dans de nombreux pays, la confusion et la violence des débats sur la démocratisation de l'école dérivent de la grande difficulté à séparer son effet globalement positif sur les générations d'élèves bénéficiaires et ses effets déprimants pour les enseignants et pour certains groupes sociaux qui voient disparaître une partie de leurs rentes scolaires, les diplômes naguère les plus sélectifs devenant accessibles à des élèves en moyenne moins bien préparés et moins soutenus.

1. Pour l'analyse du lien entre milieu social d'origine et exposition à la démocratisation d'après-guerre, on peut consulter par exemple Dominique Goux et Éric Maurin, « Origine sociale et destinée scolaire », *Revue française de sociologie*, XXXVI-1, 1995, p. 81-123.

Qu'il s'agisse des familles ou des enseignants, les acteurs d'un système scolaire ont, par définition, une opinion subjective et partielle sur les réformes qui ouvrent ce système à de nouveaux publics. Pourtant, faute de contrepoints, c'est souvent ce seul point de vue, aussi « situé » fût-il, qui domine les débats : celui des *insiders*. L'opinion publique et même une grande partie de la littérature en sciences sociales ont le plus grand mal à prendre en compte les effets de la réforme sur ceux qui jusqu'ici étaient exclus d'emblée par le système : les *outsiders*. De tels effets sont extrêmement difficiles à isoler, mais évidemment essentiels. Idéalement, il faudrait pouvoir dire ce que seraient devenus les enfants de la démocratisation si on n'avait ni encouragé ni organisé leur entrée au collège, puis au lycée. Dans l'absolu, nul ne le saura jamais. En pratique, il est pourtant possible de se rapprocher de cet idéal de nombreuses façons, comme nous aurons l'occasion de le montrer par la suite.

L'un des procédés les plus simples et les plus probants est toutefois celui mis en place par les autorités suédoises dans les années 1950, puis par les autorités norvégiennes et finlandaises un peu plus tard. Il permet de comparer, au sein des générations successives, les destins de personnes qui ont grandi dans des régions passées de façon anticipée au système réformé avec celles qui ont grandi dans des régions qui n'en bénéficièrent que plus tard. Mises bout à bout, chacune avec ses forces et faiblesses particulières, ces diverses expériences permettent d'illustrer les effets globalement vertueux de ce premier âge de la démocratisation scolaire pour des générations d'enfants de paysans, de pêcheurs et d'ouvriers nés dans la deuxième moitié du XXe siècle.

La voie scandinave

Dans l'immédiat après-guerre, les systèmes scolaires scandinaves ne sont guère moins élitistes ni moins fermés aux enfants d'origine modeste que ceux des autres pays d'Europe. En Suède ou en Norvège, l'immense majorité des jeunes quitte alors l'école dès la fin de la scolarité obligatoire, soit un ou deux ans à peine après la fin du primaire. Seule une toute petite minorité d'enfants (environ 15 %) poursuivent de véritables études secondaires dans des établissements d'élite. Il s'agit pour l'essentiel des enfants des milieux aisés.

À la même époque, les pays scandinaves n'apparaissent pas non plus particulièrement ouverts à l'idée d'offrir une formation plus complète à une proportion plus large d'enfants. Démocratiser l'enseignement secondaire ne va alors pas du tout de soi, et cette perspective n'est pas moins débattue dans le nord de l'Europe que plus au sud. L'opinion publique nordique de l'époque ne trouve pas particulièrement évident que des enfants de pêcheurs ou d'agriculteurs aient un quelconque intérêt à rester à l'école au-delà de 13 ou 14 ans.

Enfin, les sociétés scandinaves d'après-guerre ne se distinguent pas non plus des autres par la nature des réformes scolaires que leurs franges progressistes cherchent à faire avancer. Comme ailleurs, les controverses portent sur la durée idéale de scolarisation obligatoire et sur le moment où le tronc de scolarisation commun (l'école unique) doit se scinder en une voie professionnelle et une voie générale.

Ce qui est très remarquable dans le cas de ces pays, c'est la façon dont les débats ont finalement été tranchés. Ils ont en effet conditionné la généralisation de leurs réformes au succès de vastes expérimentations sociales localisées dans un ensemble test de régions et de municipalités. En somme, on a préféré l'épreuve pratique aux interminables querelles idéologiques qui caractérisent tant d'autres pays européens.

On le sait, rien n'est plus difficile que d'évaluer une réforme menée d'emblée à l'échelle d'un pays tout entier, surtout si sa réalisation s'étale dans le temps. Dans ce cas de figure, il est toujours très délicat de savoir si les évolutions repérées après la réforme doivent être attribuées à celle-ci ou bien à toute une série de phénomènes qui se sont produits simultanément dans le pays, tant du point de vue économique que politique ou sociologique. Dès les années 1950 ou 1960, les autorités scandinaves semblent parfaitement conscientes de ce problème : le destin d'une réforme est lié à la possibilité d'en fournir une évaluation rigoureuse et cette possibilité demande au minimum d'en décaler la mise en œuvre de manière raisonnée à travers le pays. La Suède fut l'un des pays précurseurs dans ce domaine.

L'expérience suédoise

Le système scolaire suédois des années 1950 se caractérise par six ans de scolarité primaire (*folkskolan*), à l'issue desquels on sélectionne les élèves sur la base des notes qu'ils ont obtenues : les meilleurs sont autorisés à poursuivre leur scolarité au collège, tandis que les autres (essentiellement d'origine modeste) n'ont droit qu'à une ou deux années de scolarité primaire complémentaires. La grande majorité des enfants quitte alors l'école à 13 ou 14 ans, après sept ou huit ans de scolarité, selon les municipalités.

Dès 1948, une réforme d'envergure est conçue par le gouvernement : le nombre d'années de scolarisation obligatoire passe à neuf ans pour tout le monde. Un choix reste offert, après six années de scolarisation, entre une voie plus académique, une voie incluant des enseignements de type professionnel et une voie intermédiaire. Mais ce choix n'est plus dicté par les résultats scolaires antérieurs. Quelle que soit la voie choisie pour les trois dernières années de scolarité obligatoire, les élèves continuent désormais de fréquenter les mêmes établissements. Les meilleurs ne sont plus dirigés vers des établissements différents à l'issue de leurs six premières années d'école. Un programme est en outre défini au niveau national : toutes les écoles seront désormais tenues de le suivre. Enfin, les familles modestes reçoivent une aide spécifique pour compenser le manque à gagner résultant de l'impossibilité de mettre les enfants au travail de façon précoce.

À bien des égards, cette réforme anticipe ce qui se passera en France et ailleurs. Et comme ailleurs, elle est l'objet de débats houleux. Ces derniers portent surtout sur les trois années supplémentaires communes. Pour la partie conservatrice de l'électorat, il n'est ni possible ni souhaitable que les enfants de toutes origines puissent rester aussi longtemps dans les mêmes établissements pour y recevoir peu ou prou les mêmes enseignements. Chose assez extraordinaire pour l'époque, les pouvoirs publics suédois mettent alors en place un protocole expérimental pour éclairer et trancher ce débat[1].

1. Le compte rendu officiel de cette évaluation, écrit en 1959, est rapporté dans Sixten Marklund, *Skolsverige 1950-1975 : Forsoksversamhet*, Stokholm, 1981.

Le principe de l'expérimentation est très simple : il s'agit d'introduire le nouveau système non pas d'emblée à l'échelle nationale, mais progressivement dans un groupe particulier de municipalités (la Suède en comptait 2 500 à l'époque). De cette manière, on pourra comparer l'évolution de la situation dans des municipalités réformées et non réformées, avant de décider une éventuelle généralisation.

Dans l'idéal, il aurait été souhaitable que les municipalités retenues pour expérimenter le nouveau système fussent choisies de façon parfaitement aléatoire et arbitraire (sur la base de l'ordre alphabétique, par exemple). Les divergences d'évolution observées entre régions réformées et non réformées auraient alors été indiscutablement imputables à la seule réforme elle-même. En pratique, ce type de protocole est extrêmement difficile à mettre en œuvre : il pose trop de problèmes politiques. L'agence en charge de l'expérimentation a donc procédé différemment : les villes furent choisies dans un ensemble de municipalités volontaires, de manière à ce que le groupe expérimental fût aussi représentatif que possible de la moyenne des municipalités suédoises de l'époque. Au total, environ un quart des communes adoptèrent la réforme de façon anticipée entre 1949 et 1962, date à laquelle celle-ci devait être généralisée à l'échelle nationale. Cinquante ans plus tard, deux économistes, Costas Meghir et Marten Palme [1], ont réexaminé les éléments statistiques recueillis à l'époque sur cette expérimentation et produit une évaluation très riche d'enseignements.

Les deux chercheurs se sont concentrés sur les cohortes nées en 1948 et en 1953. Du fait de l'expérience sociale

1. Costas Meghir et Marten Palme, « Educational Reform, Ability and Family Background », *American Economic Review*, 95 (1), 2005, p. 414-424.

mise en œuvre dans le pays, il est possible de définir deux groupes de municipalités : celles dans lesquelles ni la cohorte 1948 ni celle de 1953 n'ont connu la réforme, et celles dans lesquelles seule la cohorte 1948 n'a pas connu la réforme, les membres de la cohorte 1953 ayant en revanche été scolarisés dans le nouveau système. En somme, une Suède où il ne se passe rien et une Suède marquée par le changement.

Dans ce contexte, le principe de l'évaluation est très simple : il repose sur la comparaison des deux groupes de municipalités du point de vue des évolutions de niveaux de formation et de salaire entre les cohortes 1948 et 1953[1]. Si les évolutions sont similaires dans les deux groupes, cela signifiera que la réforme n'a guère eu d'impact sur les destins scolaires et sociaux. Si, en revanche, l'évolution apparaît plus favorable dans les municipalités où les personnes nées en 1953 ont bénéficié de la réforme, on tiendra une mesure de l'effet positif de cette politique. La technique mise en œuvre par C. Meghir et M. Palme permet d'évaluer le surcroît de formation et de salaire pour les membres de la génération née en 1953 dans les municipalités réformées, par rapport à ce que ces personnes auraient connu en l'absence de réforme.

Que doit-on retenir de cette étude ? Tout d'abord que, sous l'effet direct de l'expérimentation, les enfants des municipalités réformées ont reçu une instruction plus longue que ceux

1. Il existe également un groupe de municipalités dans lesquelles la cohorte 1948 et la cohorte 1953 ont connu la réforme. La comparaison avec ce groupe de municipalités donne des résultats similaires. Environ 35 % des enfants nés en 1948 ont fait leur scolarité dans le nouveau système, 65 % dans l'ancien. Pour la génération 1953, la proportion d'enfants scolarisés dans le nouveau système est de 81 %, celle scolarisée dans l'ancien système de 19 %.

des autres municipalités. Sans surprise, cet effet est concentré sur les enfants d'origine sociale modeste, principales cibles de la réforme, ceux-là mêmes qui, auparavant, quittaient en majorité l'école pour travailler dès que la loi le permettait. S'agissant des salaires, les personnes ayant passé leur enfance dans les municipalités réformées ont également connu en moyenne des carrières plutôt meilleures. De nouveau, l'amélioration est surtout perceptible (et très nette) pour les enfants d'origine modeste. Pour ces derniers, les auteurs sont en mesure de calculer le rapport entre le surcroît moyen de salaire observé dans les municipalités réformées et le surcroît de temps passé à l'école. Ce rapport suggère que l'accroissement d'une année de la scolarité s'accompagne d'un supplément de salaire moyen d'environ 11 % à chaque âge de la vie, soit un rendement salarial cumulé considérable.

Un examen plus approfondi révèle que le rendement a été plus fort encore pour ceux qui avaient obtenu les meilleurs résultats aux tests réalisés à l'entrée du primaire, à l'âge de 7 ans. Ainsi, contrairement à une idée reçue, les principaux bénéficiaires de la réforme sont les enfants scolairement les plus doués des classes populaires, ceux-là mêmes dont les adversaires de l'école unique affirment traditionnellement qu'ils sont les premiers à souffrir de la disparition de la sélection[1].

Autre résultat particulièrement intéressant, l'effet de la réforme est en moyenne *négatif* pour les enfants d'origine sociale aisée : les salaires des enfants de familles aisées qui ont grandi dans les municipalités réformées apparaissent

1. L'origine est mesurée par le niveau scolaire du père, et les capacités sont mesurées sur la base de tests de logique réalisés à l'entrée du primaire.

nettement plus faibles que ceux des personnes de même origine et de même génération, mais ayant grandi sous l'ancien système. Les premiers (17 % de la population) n'ont été ni plus ni moins longtemps à l'école que les seconds, mais gagnent près de 6 % de moins à chaque âge de la vie que leurs homologues des autres municipalités. Il est difficile de savoir si cet effet négatif reflète une détérioration de la qualité de la formation reçue par ce petit groupe d'élèves ou bien une baisse du rendement salarial de leur formation, lié à l'accroissement du nombre de personnes qualifiées dans leur génération et leur municipalité, suite à l'expérience sociale.

Au total, l'expérience suédoise livre un exemple historique qui éclaire assez bien la complexité de ce type de réformes : effets positifs pour les cohortes d'enfants d'origine modeste, particulièrement pour la moitié la plus douée d'entre eux (soit, dans l'étude suédoise, 40 % de la population), mais effets négatifs pour la petite minorité de la population d'origine aisée, qui avait, seule, accès au niveau supérieur du système d'enseignement et qui a subi d'un seul coup la concurrence de tous les autres.

Le modèle norvégien

Quelques années après la Suède, la Norvège s'est à son tour engagée dans cette voie. Les données norvégiennes permettent de compléter le diagnostic et surtout d'éclairer les rôles respectifs joués par le développement des nouvelles filières d'enseignement technique, d'une part, et des nouvelles filières d'enseignement général, de l'autre.

La réforme de la scolarité obligatoire est intervenue plus tard en Norvège qu'en Suède, pour l'essentiel entre 1960 et 1972. Dans les années 1950, les jeunes Norvégiens entrent à l'école primaire à l'âge de 7 ans et achèvent leur scolarité obligatoire quelque sept années plus tard, vers 14 ans. À l'issue de cette période, les meilleurs élèves ont la possibilité de poursuivre dans le secondaire (deux ans de *realstoke*), puis au lycée et à l'université. Les autres sont orientés vers des cours complémentaires pour acquérir une formation professionnelle (*framhaldskole*). Conçu et adopté par le Parlement en 1959, le projet de réforme porte sur la durée de la scolarité obligatoire de 7 ans à 9 ans, soit six années de primaire et trois années de collège, à l'issue desquelles ceux qui le souhaitent peuvent rejoindre le lycée. Les documents officiels de l'époque sont très explicites sur les objectifs poursuivis : améliorer le niveau général d'instruction de la population, favoriser la transition d'un plus grand nombre d'élèves vers le lycée, réduire les inégalités entre enfants d'origines sociales différentes.

La réforme soulève dans un premier temps les mêmes réticences qu'en Suède. Dans les communes les plus urbaines et les plus riches, beaucoup soutiennent que l'ancien système prépare mieux à des études longues les élèves dont c'est la vocation. Dans les communes plus rurales, certains sont très sceptiques à l'idée de contraindre à rester neuf ans sur les bancs de l'école des enfants qui, de toute façon, travailleront dans l'agriculture ou la pêche, comme leurs parents.

À l'instar de la Suède, ces débats ne seront finalement tranchés qu'au début des années 1970, après la mise en œuvre d'une vaste expérimentation à l'échelle du pays. De fait, la loi de 1959 n'impose pas à proprement parler le nouveau système à l'ensemble du pays. Elle installe une agence chargée de le tester au sein de localités dont elle doit assurer la sélection. Une véritable expérimentation (avec tirage au sort des localités passant de façon anticipée au système réformé) n'était politiquement pas davantage envisageable en Norvège qu'en Suède. On s'est donc appuyé sur une forme de volontariat local, contrôlé par l'agence nationale. Pendant dix ans, les communes norvégiennes vont être ainsi incitées à se porter volontaires et à soumettre à l'agence leur plan de passage anticipé au nouveau système. Celles dont les dossiers sont sélectionnés bénéficient d'une aide financière conséquente, couvrant l'ensemble des coûts associés à la réforme (recrutement d'enseignants supplémentaires, construction de nouveaux bâtiments...).

Du fait de l'expérimentation, chacune des générations de jeunes Norvégiens nées entre 1948 et 1958 peut se partager entre ceux qui grandissent dans une localité ayant anticipé la réforme et ceux qui grandissent sous l'ancien système, la part de ces derniers tendant à décroître au fil des cohortes. Dans ce contexte, le principe de l'évaluation est tout aussi simple qu'en Suède : il consiste à comparer l'évolution des destins scolaires et sociaux au fil des générations dans les communes selon qu'elles sont ou non passées de façon anticipée au système réformé. C'est cette méthode qu'ont appliquée, avec beaucoup de rigueur, trois chercheurs norvégiens dans une étude récente[1].

Quels enseignements faut-il retenir de leurs travaux ? Ils

1. Voir Arild Aakvik, Kjell Salvanes, et Kjell Vaage, « Measuring Heterogeneity in the Returns to Education in Norway Using Educational Reforms », CEPR discussion paper 4088, à paraître dans la *European Economic Review*.

repèrent tout d'abord, comme en Suède, un effet immédiat et direct de la réforme sur le temps passé à l'école. Auparavant, environ 13 % des élèves quittaient l'école à 14 ans, c'est-à-dire juste à la fin de leur scolarité obligatoire. Mécaniquement, le passage anticipé au système réformé s'est accompagné d'une quasi-disparition de ces départs précoces. Dans les communes réformées, on constate non seulement un accroissement (+ 5 points) de la proportion d'enfants qui quittent l'école après neuf années (nouveau seuil de scolarisation obligatoire), mais également une augmentation de ceux qui suivent des formations professionnelles complémentaires après leurs années obligatoires (+ 6 points), et même une hausse de ceux qui poursuivent au lycée (+ 1 point). Autre résultat très intéressant, l'effet du passage anticipé au système réformé sur le niveau d'éducation des enfants est d'autant plus fort que le revenu et le niveau d'éducation des parents sont faibles. Comme en Suède, la réforme a eu tendance à réduire les inégalités de durée de la scolarité entre enfants d'origines sociales différentes.

S'agissant des salaires, l'analyse révèle un surcroît de rémunération très significatif à chaque âge de la vie pour les personnes scolarisées sous le nouveau système. Le rapport entre le surcroît de rémunération et le surcroît de temps passé à l'école s'élève à 10 %, soit une estimation très voisine de celle obtenue chez les Suédois.

Formation générale vs *formation professionnelle*

Les réformes comme celles menées en Norvège ne se résument pas à une pure et simple élévation du nombre d'années passées à l'école pour les enfants d'origine modeste.

Pour certains enfants, elles signifient un complément de formation professionnelle. Pour d'autres, elles se manifestent par un passage au lycée, voire à l'université. Il est bien clair que ces différents types de formation n'ont pas nécessairement le même effet sur les destins individuels. Dans leur étude, Kjell Salvanes et ses collègues démontrent que le surcroît de formation reçu par les enfants des différentes communes réformées n'est pas de même nature selon le type d'infrastructures scolaires que la réforme a contribué à développer au niveau local. C'est dans les localités où rien n'était jusqu'alors prévu pour la formation technique que l'investissement dans ce domaine a été le plus important et que la réforme a finalement eu l'effet le plus fort sur la proportion d'enfants achevant une formation technique. De même, c'est dans les localités où il n'y avait aucun lycée d'enseignement général avant la réforme que l'impact a été le plus sensible sur la proportion d'enfants achevant une formation secondaire générale longue. Partant de ces constats, les chercheurs se sont demandé si l'effet de la réforme sur les salaires avait également varié d'une commune à l'autre selon le type d'infrastructure qu'elles avaient plus particulièrement contribué à renforcer au niveau local. La réponse semble bien positive : c'est dans les localités où l'accroissement du nombre d'années de formation *générale* a été le plus fort que l'effet sur les salaires a également été le plus sensible.

Dans beaucoup de pays, le passage au collège unique s'est essentiellement accompagné d'une diffusion des qualifications techniques, l'enseignement général restant au bout du compte largement hors de portée des enfants d'ouvriers et de paysans. L'expérience norvégienne suggère pourtant que, partout où elle s'est réalisée, la diffusion de l'enseignement général aux enfants des milieux les plus modestes a eu des effets encore plus vertueux que la diffusion de l'enseignement technique[1].

Validité de l'expérimentation sociale

Dans le cas norvégien comme dans le cas suédois, l'évaluation de la réforme repose sur la comparaison des performances d'un groupe de communes sélectionnées par une agence nationale indépendante, avec les performances des autres communes. On ne connaît toutefois pas exactement les raisons qui ont pu pousser certaines communes plutôt que d'autres à se porter volontaires auprès de l'agence. De même, les critères retenus pour sélectionner les communes volontaires ne sont pas parfaitement clairs.

En Norvège, il se trouve toutefois que l'on dispose d'une recherche approfondie sur le processus de sélection des communes par l'agence d'évaluation[2], recherche réalisée juste après la réforme, dès le début des années 1970. Élément assez encourageant, il ne ressort de cette analyse aucune différence statistiquement repérable entre les communes passées de façon anticipée au collège unique et les autres, tant du point de vue politique que du point de vue sociologique. On compte autant de communes de gauche que

1. Soulignons que, dans les années 1970, les autorités norvégiennes ont mis en place une réforme du lycée et de l'université. La proportion d'enfants qui grandissent dans une localité disposant d'un lycée ou d'un premier cycle universitaire s'accroît alors considérablement. Étendant leurs investigations à cette période, K. Salvanes et ses collègues confirment l'impact très important des différentes formes d'enseignement supérieur sur les salaires.

2. Voir Suzanne Lie, « Regulated Social Change : a Diffusion Study of the Norwegian Comprehensive School Reform », *Acta Sociologica*, 16 (4), 1974, p. 332-350.

de droite, de pauvres que de riches, parmi les candidatures retenues. En fait, le seul mécanisme identifié par les chercheurs est un mécanisme de capillarité : une localité est d'autant plus susceptible de se porter volontaire qu'une localité voisine a déjà fait ce choix. La personnalité du directeur régional de l'administration éducative figure, par ailleurs, assez clairement parmi les facteurs qui favorisent ce type de réaction en chaîne au niveau régional. Il s'agit non pas d'un notable local, mais d'un fonctionnaire nommé par l'autorité centrale. L'analyse révèle que le passage anticipé d'une commune au dispositif réformé a *in fine* surtout dépendu du choix de cette personne. Partout où s'est trouvé en place un directeur régional réformateur, on constate un passage progressif d'un nombre important de communes au nouveau système. Dans la mesure où la personnalité du directeur de l'administration régionale de l'éducation n'a *a priori* rien à voir avec la dynamique locale des salaires au fil des générations, ce résultat est assez réconfortant pour la validité de l'expérimentation norvégienne : les communes réformées sont des localités comme les autres, sinon que le hasard avait placé à la tête de leur administration éducative un fonctionnaire plutôt plus dynamique que la moyenne. Le surcroît de richesse observé dans ces communes identifie donc bien *a priori* l'effet du passage anticipé au système réformé, et non pas celui d'un dynamisme économique particulier.

Le collège unique finlandais

La réforme finlandaise a, elle aussi, été mise en œuvre de façon contrôlée et progressive à travers le pays. Mais cette expérimentation présente l'avantage supplémentaire de n'avoir reposé sur aucune forme de volontariat puisque la logique retenue ici fut purement géographique : du nord au sud et d'est en ouest. Les résultats finlandais, tout aussi favorables que ceux de la Suède ou de la Norvège, sont en conséquence plus indiscutables encore.

Au début des années 1970, la sélection scolaire s'opérait encore dès l'âge de 11 ans, après seulement quatre années de primaire (*kansakoulu*), l'âge d'entrée à l'école étant alors de 7 ans seulement. En fonction de leurs résultats à un examen d'entrée et des notes obtenues en cours d'année scolaire, les meilleurs élèves se voyaient accorder la possibilité d'entamer une scolarité secondaire générale longue (cinq ans de collège, *oppikoulu*, suivis éventuellement de trois ans de lycée), tandis que les autres n'avaient droit qu'à seulement deux années supplémentaires d'école primaire, suivies éventuellement d'une ou deux années complémentaires dans certaines communes. Jusqu'en 1972, au moins une moitié de chaque classe d'âge était exclue de tout enseignement secondaire général. L'immense majorité des enfants issus de familles modestes quittaient l'école à 13 ou 14 ans, soit pour travailler, soit pour recevoir un complément d'apprentissage professionnel.

À partir de cette date, la structure du système scolaire finlandais change du tout au tout. La sélection à 11 ans est abolie, et l'ensemble des élèves sont accueillis dans les mêmes écoles primaires, puis les mêmes collèges d'enseignement secondaire, pour y recevoir les mêmes enseignements fondamentaux (dont un enseignement obligatoire de langue) jusqu'à l'âge de 16 ans.

L'abolition de la sélection semble avoir été plus difficile à décider en Finlande qu'en Suède ou en Norvège. La réforme avait déjà été à l'ordre du jour en 1948, 1957, 1959 et 1965 : sans succès. Ce n'est qu'en 1968 que son principe fut enfin arrêté par le Parlement. Point crucial, la loi imposa que la réforme ne soit pas mise en œuvre en bloc dans l'ensemble du pays, mais en six étapes et selon un critère géographique : la Laponie et l'extrême nord en 1972, les régions du Nord-Est en 1973, les régions du Nord-Ouest en 1974, les régions du Sud-Est en 1975, les régions du Sud-Ouest en 1976, pour finir par la région d'Helsinki au Sud en 1977. Les premiers enfants concernés par le nouveau système sont ainsi ceux qui sont nés en 1960 dans le nord du pays, et les derniers, ceux qui sont nés en 1966 dans la région d'Helsinki. Cette organisation présente aujourd'hui le très grand avantage de permettre la comparaison du destin social d'enfants nés la même année, les uns dans une région réformée, les autres dans une région non réformée, sans qu'aucune forme de volontariat ne brouille le jeu[1]. Les données administratives finlandaises permettent en particulier d'analyser les corrélations existant entre le revenu des personnes nées durant la mise en œuvre de la réforme (entre 1960 et 1966) et le revenu de leurs parents, et de comparer l'intensité de ces corrélations selon la région de scolarisation. Dans les régions où subsiste le système sélectif, la corrélation est en

1. Tuomas Pekkarinen, Roope Uusitalo, Sari Pekkala, « Education Policy and Intergenerational Income Mobility : Evidence from the Finnish Comprehensive School Reform », IZA Discussion Paper 2204, juillet 2006.

moyenne de 0,29 : une différence de 10 % de revenu paternel entraîne une différence de 2,9 % de revenus entre enfants une fois à l'âge adulte. Au sein des mêmes cohortes, dans les régions passées au collège unique, la corrélation n'est en moyenne que de 0,22. La réforme du collège unique a ainsi généré une baisse très considérable (de près de 25 %) du degré de persistance des inégalités de revenus au fil des générations.

L'examen des premières politiques de démocratisation scolaire de l'après-guerre dans le monde scandinave apparaît donc particulièrement concluant. Ces réformes ont certes d'abord suscité le scepticisme, voire une certaine hostilité (ce qui n'a malheureusement rien d'original, comme on le verra). Mais elles ont généré des bénéfices manifestes et indiscutables, et contribué à desserrer les inégalités de destin. Elles sont aujourd'hui d'autant plus convaincantes qu'elles ont été réalisées dans des conditions qui permettent d'en instruire précisément et objectivement le bilan. Comme nous allons à présent le constater, ce ne fut pas le cas partout…

CHAPITRE II

L'Angleterre et la fin des *grammar schools*[1]

Les pays scandinaves bénéficient de conditions sociologiques et politiques qui ont sans doute facilité les premières expériences de démocratisation. Le système scolaire suédois, par exemple, prend place dans une société beaucoup plus égalitaire, où le rôle de l'État est bien plus structurant que presque partout ailleurs en Europe. Dans un tel contexte, les effets potentiellement négatifs du passage à l'« école unique » sont *a priori* d'ampleur limitée. Ces réformes accroissent mécaniquement l'hétérogénéité des classes et des établissements scolaires, mais dans une mesure sans doute plus faible dans l'environnement scandinave que dans les sociétés plus inégalitaires du reste de l'Europe.

Le système scolaire anglais représente à bien des égards un modèle opposé. Il est l'héritier d'une tradition très différente où chaque district scolaire, chaque école, dispose d'une grande latitude pour organiser ses enseignements. Dans les années 1960, l'Angleterre a pourtant, elle aussi,

1. Ce chapitre s'appuie sur une recherche menée en collaboration avec Sandra McNally. Voir Éric Maurin et Sandra McNally, « The Consequence of Ability Tracking for Future Outcomes and Social Mobility », CEE discussion paper, 2007a.

choisi d'évoluer vers une « école unique », la même pour tous les enfants, obligatoire jusqu'à 16 ans. Nul besoin de souligner que cette évolution s'est faite selon un processus bien plus décentralisé, voire désordonné, en Angleterre qu'en Suède ou en Norvège. Du coup, la réforme anglaise est aujourd'hui beaucoup plus complexe à évaluer que ne peuvent l'être les réformes scandinaves. Pour autant, et précisément parce que le contexte est si différent, il semble essentiel d'analyser en profondeur le cas britannique : l'école unique produit-elle les mêmes effets vertueux dans une société inégalitaire et hétérogène comme la société anglaise que dans le contexte homogène et centralisé des sociétés du nord de l'Europe ?

La question mérite d'autant plus d'être posée que le bilan de l'école unique est aujourd'hui sévèrement contesté outre-Manche. Tout récemment encore, en juin 2007, une nouvelle controverse éclatait au sein du parti conservateur, après que son jeune leader, le « moderniste » David Cameron, eut osé déclarer que l'abandon de l'école unique et le retour aux très sélectives *grammar schools* étaient des combats d'arrière-garde dans lesquels il était inutile et contre-productif de dépenser l'énergie du parti. Cette prise de position a immédiatement déclenché un tollé au sein de sa propre famille politique, entraînant notamment la démission du ministre de l'Éducation du cabinet fantôme, Graham Brady, et obligeant le chef des *tories* à faire machine arrière. David Cameron œuvre depuis 2005 à ce qu'il juge l'indispensable modernisation de son parti face au *New Labour*, mais le sujet des *grammar schools* est encore bien trop brûlant. Mieux : il aura suffi à ébranler un leadership jusqu'ici incontesté. C'est assez dire que la démocratisation scolaire est loin de faire consensus.

L'abandon des *grammar schools*

Pour bien comprendre les termes du débat anglais, il est nécessaire de rappeler la façon dont s'organisaient les scolarités secondaires outre-Manche dans l'immédiat après-guerre. À l'époque, les écoliers anglais passaient un examen décisif dès la fin de leur scolarité primaire, le redouté *Eleven Plus*[1]. Les 25 % qui obtenaient les meilleurs résultats se voyaient offrir la possibilité de continuer leurs études secondaires dans l'une des prestigieuses *grammar schools* du pays, la très grande majorité des autres devant se contenter d'une modeste *secondary modern school*, sans véritable perspective de poursuite de leurs études au-delà de l'âge minimum de scolarisation (soit 15 ans à partir de 1947, puis 16 ans à partir de 1972). Le destin scolaire des trois quarts de la population était ainsi scellé avant même l'adolescence.

Introduit en même temps que l'*Education Act* de 1944, l'examen du *Eleven Plus* a d'abord été conçu comme un simple moyen de régulation de l'enseignement secondaire, alors en cours de consolidation et de développement. À partir des années 1950, la politique de sélection des élèves dès l'âge de 11 ans nourrit un malaise grandissant au sein de la population. Traditionnellement assez décentralisé, le système éducatif anglais laisse une certaine autonomie aux autorités locales (les *Local Educational Authorities*, ou LEAs). Dès cette époque, certaines LEAs commencent à

1. En France, jusqu'en 1959, l'entrée en sixième est également conditionnée à la réussite à un examen. Le montant des bourses susceptibles d'être reçues est également conditionné à cet examen.

expérimenter des formes moins brutales de sélection scolaire. La précocité et le caractère irréversible de la sélection dans les *grammar schools* paraissent de plus en plus injustes, notamment dans les milieux de gauche.

Lorsque les travaillistes reviennent au pouvoir en 1964, un consensus finit par se former, au sein de leur parti, en faveur de l'abolition du système. Dès 1965, le gouvernement émet une circulaire exigeant de chaque LEA la définition d'un programme de transition vers un *comprehensive system*, version anglaise du collège unique français. Les effets de la circulaire se feront toutefois longtemps attendre. À la fin des années 1960, le système secondaire anglais est encore à mi-chemin de l'ancien système des *grammar schools* et du nouveau *comprehensive system*. Paradoxalement, c'est au parti conservateur que reviendra la responsabilité d'achever le mouvement d'expansion et de démocratisation du nouveau système secondaire, sous la férule d'une ministre de l'Éducation encore peu connue, Margaret Thatcher. Sous son ministère et en dépit de ses réticences personnelles, il se construira davantage d'écoles « mixtes » que sous les gouvernements travaillistes qui l'ont précédé.

Une réforme contestée

Voulue par les travaillistes et achevée par les conservateurs, cette réforme est aujourd'hui sourdement contestée. L'un des principaux chefs d'accusation est qu'elle aurait produit une augmentation des inégalités de destin entre les enfants issus de familles pauvres et ceux issus de familles riches, c'est-à-dire l'inverse de ce pour quoi elle avait été initialement conçue.

En Angleterre, l'obsession n'est pas le chômage comme en France [1], mais plutôt les « inégalités de classes », celles qui définissent d'invisibles mais infranchissables barrières sociales et qui se transmettent des parents aux enfants [2]. Or, les contempteurs de l'école unique affirment qu'elle nuit aux enfants les plus méritants des milieux modestes et favorise paradoxalement le maintien des inégalités au fil des générations. Elle est également rendue responsable par les milieux conservateurs de la supposée stagnation du niveau des élèves et de la persistance d'une frange très importante de jeunes Anglais entrant sur le marché du travail sans véritable qualification.

La controverse n'est pas très originale, mais elle demeure très difficile à éclairer [3]. Les élèves fréquentant les *grammar schools* d'élite dans l'Angleterre de la fin des années 1960 étaient par définition le fruit d'une sélection très spécifique. Ils ont beaucoup mieux réussi dans la vie que les autres. Mais est-ce vraiment parce qu'ils ont fréquenté une *gram-*

1. Le taux de chômage officiel anglais s'est installé depuis plusieurs années sous la barre des 5 %, deux fois plus faible qu'en France. Soulignons toutefois qu'une partie importante de la population au chômage de longue durée a été progressivement affectée aux régimes d'incapacité (près de 2,7 millions de bénéficiaires), et qu'une controverse est en cours sur la réalité du plein emploi anglais.

2. De fait, contrairement à une idée reçue, l'Angleterre est, avec les États-Unis, l'un des pays où l'on constate la corrélation la plus forte entre revenu des parents et revenu des enfants. Voir par exemple Anna d'Addio, « Intergenerational Transmission of Disadvantage : A Review of Evidence for OCDE Countries », OECD, 2007.

3. Pour un exposé critique très complet des tentatives d'évaluation des *grammar schools* conduites jusqu'à présent, voir Alan Manning and Steve Pischke, « Comprehensive versus Selective Schooling in England and Wales : What Do We Know ? », IZA working paper 2072, avril 2006.

mar school d'élite plutôt qu'une modeste *secondary modern school* ? Étant donné leur origine sociale et leurs aptitudes scolaires très particulières, n'auraient-ils pas mieux réussi de toute façon ? Par ailleurs, à supposer même que les écoles les plus sélectives aient vraiment été un atout pour les élèves qui ont eu la chance d'y être admis, cela signifie-t-il pour autant qu'un système éducatif sélectif, séparant au plus tôt les meilleurs élèves de tous les autres, représente un atout pour la population considérée dans son ensemble ? Cela n'a rien d'évident. La mixité, le mélange des élèves peut certes avoir un effet négatif sur la petite partie qui se trouve privée de l'entre-soi que lui aurait réservé un système sélectif ; mais inversement, et c'est le but du jeu, ce mélange peut très bien avoir un effet positif sur l'ensemble de tous les autres, tous ceux qui voient s'améliorer leur contexte de scolarisation et dont les aspirations se réveillent.

L'Angleterre n'a pas mené d'expérimentations sociales qui permettraient d'aborder ces questions avec la même rigueur que dans les pays scandinaves évoqués au chapitre précédent. On dispose toutefois outre-Manche d'un suivi statistique très riche pour des générations nées avant et après l'achèvement de la réforme. Il est remarquable que de tels suivis aient été conçus dès les années 1950. Ils n'ont pas d'équivalent dans des pays comme la France, par exemple. La suite de ce chapitre essaie de mettre ces enquêtes à profit pour isoler l'effet de l'abandon des *grammar schools* sur la société anglaise.

Comment mesurer l'effet des *grammar schools* sur les performances scolaires ?

À la fin des années 1960, le système des *grammar schools* subsiste encore dans un grand nombre de LEAs. Une proportion non négligeable de jeunes Anglais nés à la fin des années 1950 fréquente alors l'un de ces établissements. Très précisément, selon les informations contenues dans le *National Cohort Demographic Survey* (NCDS), environ 15 % des élèves nés en 1958 sont entrés dans une *grammar school* l'année de leurs 11 ans, c'est-à-dire en 1969.

Cette même enquête confirme l'extrême élitisme de ces institutions : la moitié des enfants ayant les résultats les plus faibles aux tests de fin de primaire ont une probabilité quasi nulle d'accéder à ce type d'établissements, alors que les 10 % les meilleurs ont plus d'une chance sur deux de rejoindre l'un d'eux (voir figure 1). Dans l'Angleterre de la fin des années 1960, les *grammar schools* sélectionnent exclusivement leurs recrues dans la moitié des élèves qui obtiennent les meilleurs résultats en fin de primaire.

Soulignons ici un point très important pour la suite de notre propos : le système génère des différences d'accès aux *grammar schools* beaucoup plus fortes parmi la moitié des élèves obtenant les meilleurs résultats en fin de primaire qu'au sein de la moitié la plus faible. En fait, il n'y pas de différences d'accès à ces écoles entre les élèves moyens et les élèves faibles, puisque ni les uns ni les autres ne sont sélectionnés, à de très rares exceptions près. En revanche, les différences d'accès sont très importantes entre les élèves moyens et les élèves forts à l'issue du primaire, puisque

FIGURE 1. Probabilité d'accès en *grammar school* en fonction du rang dans le classement au test de mathématiques passé à 11 ans (cohorte née en 1958)

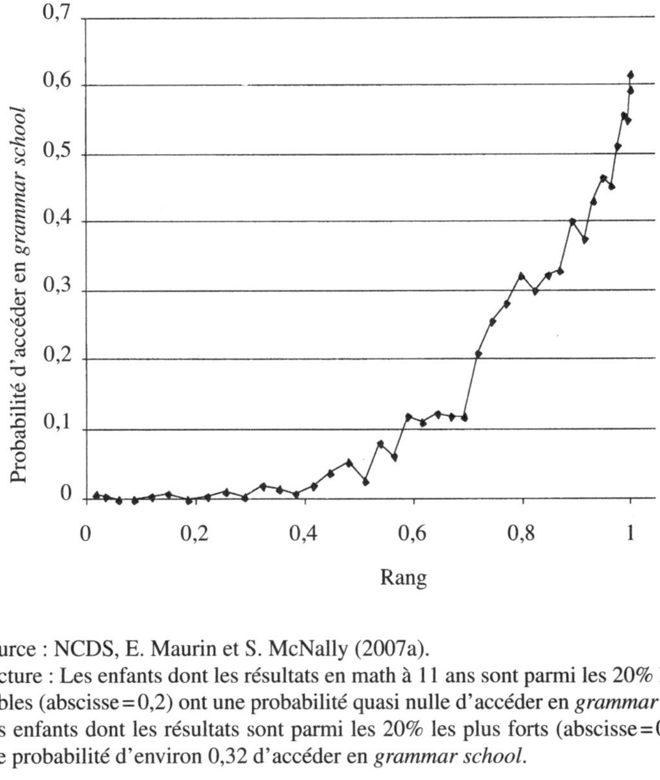

Source : NCDS, E. Maurin et S. McNally (2007a).
Lecture : Les enfants dont les résultats en math à 11 ans sont parmi les 20% les plus faibles (abscisse = 0,2) ont une probabilité quasi nulle d'accéder en *grammar school*. Les enfants dont les résultats sont parmi les 20% les plus forts (abscisse = 0,8) ont une probabilité d'environ 0,32 d'accéder en *grammar school*.

seuls les forts ont une chance réelle d'être sélectionnés. Dans la suite, notre stratégie empirique va consister essentiellement à tester si ces inégalités plus ou moins fortes d'accès aux *grammar schools* se traduisent ou non par des inégalités plus ou moins marquées de destin scolaire et social. Si la réponse est affirmative, on tiendra une mesure très directe du bénéfice particulier qu'a représenté l'existence des *grammar schools* pour l'élite des écoliers du primaire.

De fait, pour identifier l'effet réel des *grammar schools* sur le destin de leurs élèves, il est nécessaire de formuler une hypothèse aussi précise et plausible que possible sur ce qu'aurait été le destin de ces élèves s'ils n'avaient pas eu la chance d'être sélectionnés dans un établissement de ce type. Nous connaissons leur niveau aux tests réalisés à 11 ans : comment en déduire ce qu'aurait été leur niveau à 16 ans s'ils étaient allés en *secondary modern* plutôt qu'en *grammar school* ? Pour répondre à cette question, notre méthode consiste à nous appuyer sur ce que nous observons dans le groupe non exposé à la fréquentation des *grammar schools*, soit la moitié des élèves ayant obtenu les résultats les plus faibles aux tests à 11 ans et n'ayant eu par conséquent aucune chance d'être sélectionnés dans la filière d'élite[1]. Ces élèves ont tous fréquenté de simples *secondary modern schools*. Par définition, les différences de destin scolaire entre ceux qui obtenaient les résultats les moins faibles et ceux qui obtenaient les résultats les plus faibles à 11 ans ne peuvent être imputées à une inégale fréquentation des *grammar schools*. Dans leur cas, le lien entre résultats à 16 ans et résultats à 11 ans reflète simplement la persistance dans le temps des inégalités d'aptitudes scolaires. Dans la mesure où il n'y a guère de raison de penser que cette persistance aurait été plus faible ou plus forte pour les élèves de l'autre

1. Une autre possibilité est de s'appuyer sur ce que nous observons chez les enfants nés en 1970 (observés dans l'enquête BCS) après l'abolition des *grammar schools*. Par construction, ils n'ont, eux non plus, aucune chance d'être sélectionnés. Cette approche produit un diagnostic cohérent, comme nous le montrerons un peu plus loin.

moitié de la population, on tient là une hypothèse plausible (que, de surcroît, nous testerons) de ce qu'auraient été les performances des élèves de la moitié haute en primaire s'ils n'avaient pas pu rejoindre une *grammar school*: leurs performances à 16 ans n'auraient été ni plus ni moins étroitement liées à leurs performances à 11 ans que pour n'importe quel élève de la moitié exclue du système sélectif. Dans cette hypothèse, la question est bien de savoir si le lien entre performances à 11 ans et performances à 16 ans est plus fort au sein de la moitié des enfants susceptibles de fréquenter une *grammar school* qu'au sein de l'autre moitié: si ce lien est plus fort, on tiendra une évaluation du surcroît d'inégalités de performance scolaires à 16 ans générées par les inégalités d'accès aux *grammar schools* au sein de la moitié susceptible de fréquenter ces institutions. Tout surcroît de corrélation entre performances à 16 ans et 11 ans au sein du groupe exposé aux *grammar schools* sera l'indice (et donnera une mesure) de l'effet de ces établissements d'élite sur les progrès entre 11 et 16 ans.

Les *grammar schools* facteurs d'inégalités

La figure 2 retrace, pour la génération née en 1958, le lien entre le classement d'un enfant aux tests de mathématiques à 11 ans et ses résultats aux tests de mathématiques à 16 ans. Sans surprise, la corrélation est très forte: les meilleurs élèves à la fin du primaire sont toujours en moyenne les meilleurs à la fin du collège. Fait crucial pour notre propos, le lien est toutefois beaucoup plus fort au sein du groupe d'enfants dont les performances à 11 ans étaient dans la moitié haute du graphique. Comparons par exemple à 16 ans trois types d'élèves : ceux qui étaient parmi les 20 % les meilleurs, ceux qui étaient juste moyens et ceux qui étaient parmi les 20 % les plus faibles à 11 ans dans le primaire. Les inégalités sont deux fois plus importantes entre les bons et les « juste moyens », qu'entre les « juste moyens » et les faibles[1]. En d'autres termes, c'est précisément entre les élèves qui ont les chances d'accès les plus inégales aux *grammar schools* (c'est-à-dire les bons et les « juste moyens », soit la moitié haute du graphique) que l'on constate les plus fortes inégalités de résultats à 16 ans. Dans l'hypothèse où le surcroît d'inégalités de performance à 16 ans observé dans ce groupe est bel et bien dû aux inégalités d'accès aux établissements d'élite, on peut évaluer à environ 10 points (80 % d'un écart type) l'effet propre d'un accès aux *grammar schools* plutôt qu'aux *secondary modern schools*, soit un impact assez considérable.

Quelles pourraient être les autres causes de la hausse des inégalités observées à 16 ans entre des élèves qui se trouvaient à 11 ans dans la moitié haute du tableau des performances ? Une explication différente pourrait être que les inégalités d'aptitudes scolaires sont plus nettes au sein de la moitié des élèves les plus forts à la fin du primaire qu'au sein de la moitié des élèves les plus faibles. Après tout, les aptitudes scolaires ne se répartissent pas nécessairement de façon symétrique de part et d'autre de la moyenne. On ne peut exclure *a priori* qu'il y ait davantage de différence d'aptitudes scolaires entre les bons élèves de fin de primaire

1. Entre les 20 % les plus forts et les moyens, on constate une différence d'environ 6 points à 16 ans, tandis que la différence est d'environ 3 points entre les élèves moyens et les 20 % les plus faibles.

FIGURE 2 : Les résultats au test de mathématiques passé à 16 ans en fonction du rang dans le classement au test de mathématiques passé à 11 ans (cohorte née en 1958).

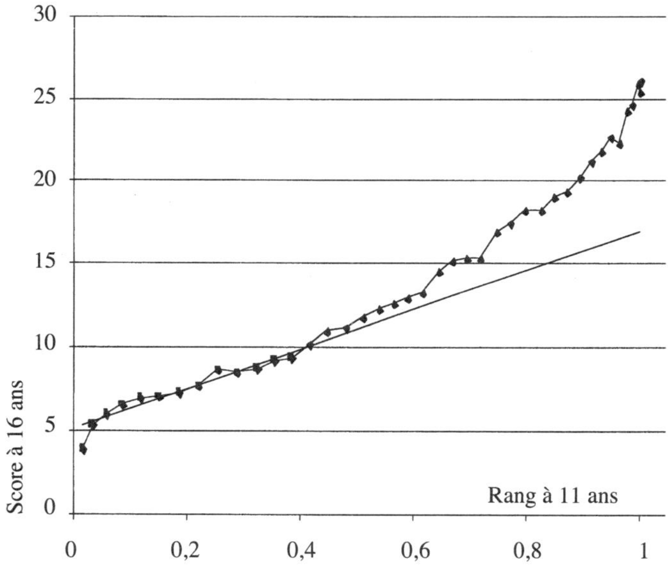

Source : NCDS, É. Maurin et S. McNally (2007a).
Lecture : Les enfants dont les résultats en math à 11 ans sont parmi les 20% les plus faibles (abscisse = 0,2) ont un score d'environ 7,5 à 16 ans. Les enfants dont les résultats sont parmi les 20% les plus forts (abscisse = 0,8) ont un score d'environ 18. Le test à 16 ans est noté sur 31.

et les moyens, qu'entre les élèves moyens et les plus faibles. Si tel était le cas, le surcroît d'inégalités de performance observé à 16 ans au sein de la moitié des élèves ayant les meilleurs résultats à la fin du primaire devrait très simplement s'interpréter comme la conséquence d'inégalités d'aptitudes particulièrement fortes entre ces élèves, plutôt que comme un effet de leur accès inégal aux *grammar schools*.

Une première façon de tester cette hypothèse consiste à se concentrer sur les performances *antérieures* à l'entrée dans le secondaire, par exemple les performances observées à 7 ans. Si le surcroît d'inégalités de performance constaté à 16 ans entre élèves bons et moyens à la fin du primaire reflète un écart d'aptitudes scolaires qui préexistaient au passage au collège unique, alors il doit se repérer tout autant dans les tests réalisés *avant* 11 ans (à 7 ans) que dans les tests réalisés *après* 11 ans (à 16 ans), puisqu'il s'agit d'inégalités n'ayant rien à voir avec l'organisation de l'enseignement secondaire. La figure 3 révèle que ce n'est pas le cas. Elle retrace les performances aux tests réalisés à 7 ans en fonction du classement des élèves aux tests réalisés à 11 ans. Ce faisant, elle démontre que les différences entre élèves de la moitié haute du tableau sont à peu près identiques à celles observées dans sa moitié basse. C'est donc bien entre 11 ans et 16 ans que se creusent les inégalités au sein du groupe d'élèves le plus exposé aux inégalités d'accès aux *grammar schools*. Ce surcroît d'inégalités ne préexistait pas au passage des élèves dans le secondaire.

Il existe une autre façon de se convaincre du rôle décisif joué par les *grammar schools*, en portant le regard sur la génération née en 1970 (BCS) et scolarisée après la disparition de ces établissements d'élite. Si le déséquilibre des performances à 16 ans entre élèves bons et moyens en fin de primaire n'avait rien à voir avec les *grammar schools*, alors on devrait en retrouver la trace au sein de la génération 1970 (génération « sans » *grammar schools*) tout autant qu'au sein de la génération 1958 (génération « avec » *grammar schools*). Ce n'est absolument pas le cas. La figure 4 retrace les performances en mathématiques à 16 ans des élèves de la génération 1970 en fonction de leur classement à 11 ans dans cette

FIGURE 3 : Les résultats aux tests passés à 7 ans
en fonction du rang dans le classement des résultats
au test de mathématiques passé à 11 ans (cohorte née en 1958).

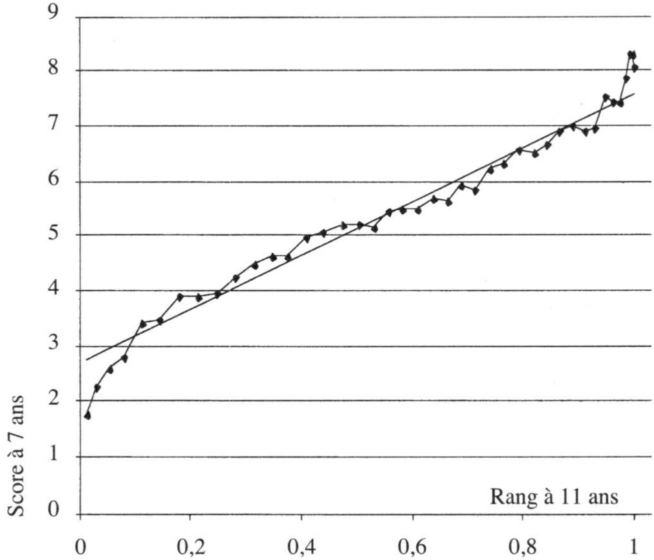

Source : NCDS, É. Maurin et S. McNally (2007a).
Lecture : la relation entre classement au test de math passé à 11 ans et résultat au test cognitif passé à 7 ans est à peu près linéaire. Le test a 7 ans est noté sur 10.

discipline. On ne constate aucune asymétrie, aucun déséquilibre similaire à ceux observés au sein de la génération 1958. Entre les élèves classés parmi les 20 % les meilleurs à 11 ans et les élèves « juste moyens » au même âge, on ne constate ni plus ni moins d'inégalités à 16 ans qu'entre les élèves « juste moyens » et ceux classés parmi les 20 % les plus faibles.

Au total, un surcroît spécifique d'inégalités de performance surgit bel et bien à 16 ans au sein du groupe d'enfants exposés à un accès inégal aux *grammar schools*. Il n'en

FIGURE 4 : Les résultats au test de mathématiques passé à 16 ans en fonction du rang dans le classement au test de mathématiques passé à 11 ans (cohorte née en 1970).

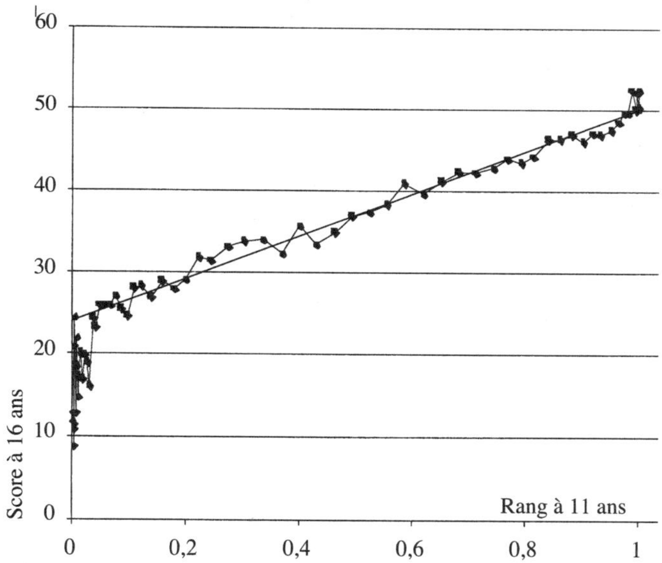

Source : BCS, É. Maurin et S. McNally (2007a).
Lecture : La relation entre classement au test de math à 11 ans et résultat au test de math à 16 ans est linéaire. Le test a 16 ans est noté sur 60.

existe nulle trace dans les groupes d'élèves qui ont été scolarisés après l'abolition des *grammar schools*. Sélectionner les bons élèves en fin de primaire et les séparer des autres apparaît bel et bien comme un puissant facteur d'accroissement des inégalités de résultats à l'issue de la scolarité obligatoire.

L'effet des *grammar schools* sur les salaires

Certains lecteurs ne seront sans doute guère surpris de trouver dans les enquêtes disponibles l'indice de l'avantage très puissant procuré par la fréquentation d'un établissement d'élite à l'issue des scolarités obligatoires. L'enseignement et l'organisation des *grammar schools* sont tout entiers tendus vers ce résultat : la réussite des élèves en son sens le plus scolaire. Tout autre chose est de savoir si cette accumulation de compétences scolaires modifie réellement les futures destinées sociales des enfants, si ce capital très particulier acquis à 16 ans infléchit ou non leurs trajectoires ultérieures.

Pour répondre à cette question, il est possible d'appliquer le même protocole que précédemment, non plus à l'analyse des tests scolaires passés à 16 ans, mais à celle des carrières salariales. Les données disponibles permettent de comparer les inégalités de salaires observées à 30 ans au sein de la moitié de la population qui obtenait des résultats plutôt bons en fin de primaire, d'une part, et au sein de la moitié de la population qui obtenait des résultats plutôt faibles, d'autre part.

Pour la génération 1958, les inégalités de salaires sont nettement plus fortes au sein de la moitié qui obtenait les meilleurs résultats dans le primaire. Pour la génération 1970 en revanche, les inégalités de salaires ne sont ni plus ni moins fortes entre ceux qui étaient les meilleurs dans le primaire et ceux dont les résultats étaient les plus faibles.

Un même constat s'impose donc à propos de la distribution des salaires à 30 ans qu'à propos des performances scolaires à 16 ans : le surcroît d'inégalités au sein de la moitié des personnes les plus fortes en primaire n'est perceptible qu'au sein de la cohorte ayant eu la possibilité d'être sélectionnée en *grammar school*. En comparant la distribution des salaires selon les résultats dans le primaire de la génération 1970 et de la génération 1958, on obtient une évaluation de l'effet des *grammar schools* sur les salaires de l'ordre de + 30 %. Être sélectionné dans ces établissements modifiait non seulement du tout au tout les résultats scolaires, mais également, au-delà, l'ensemble de la destinée professionnelle.

La sélection à 11 ans favorisait-elle les élèves pauvres ?

Parmi la génération née en 1958, la petite minorité d'élèves sélectionnée en *grammar school* (environ 15 %) a bénéficié d'un puissant coup de pouce dans sa scolarité secondaire, lequel s'est ensuite concrétisé par un avantage très net sur le marché du travail. Les chances d'être sélectionné dans une *grammar school* étant beaucoup plus fortes pour les enfants de familles aisées, cet avantage a beaucoup plus souvent profité aux enfants riches qu'aux enfants pauvres. Les données disponibles pour la génération 1958 permettent d'évaluer à environ 30 % la probabilité d'accès aux *grammar schools* pour les enfants appartenant au tiers des familles les plus riches, et à seulement 5 % pour les enfants appartenant au tiers des plus modestes. Tel qu'il fonctionnait, le système des *grammar schools* était clairement très loin d'un idéal d'égalité des chances : ce système sélectionnait, puis avantageait essentiellement les enfants des milieux privilégiés. Ce système était en ce sens strictement conservateur.

Il est frappant néanmoins de constater à quel point subsiste en Angleterre une nostalgie pour les *grammar schools.* Fait remarquable, cette nostalgie se nourrit précisément du sentiment que l'abandon de ces écoles d'élite a produit un renforcement des inégalités de destin entre les enfants des différents milieux sociaux, c'est-à-dire l'inverse de ce pour quoi l'abandon du système avait été décidé. En d'autres termes, l'idée est actuellement répandue que les *grammar schools* étaient paradoxalement une meilleure garantie de l'égalité des chances que le système aujourd'hui en vigueur.

Comment expliquer ce paradoxe ? Comment expliquer qu'une institution aussi brutalement élitiste puisse être perçue de nos jours comme ayant été un rempart contre les inégalités de destin entre enfants ? En fait, nombreux sont ceux qui ont le sentiment que les *grammar schools* bénéficiaient davantage aux quelques enfants de milieu modeste qu'elles accueillaient, qu'à la masse des enfants privilégiés qui les fréquentaient, mais qui auraient de toute façon réussi dans la vie. Certes, les enfants des classes populaires étaient peu nombreux à fréquenter les *grammar schools*, mais l'idée demeure que cet arrachement à leur milieu d'origine avait sur leur destin un effet bien plus décisif que la fréquentation des *grammar schools* sur les enfants des classes moyennes et supérieures de la société.

Est-ce vrai ? Les données disponibles pour les générations 1958 et 1970 fournissent une description de l'origine sociale des individus et permettent de réitérer l'analyse précédente successivement sur les enfants appartenant aux 30 % des familles les plus riches et aux 30 % des plus pauvres. Que l'on s'intéresse aux résultats scolaires obtenus à 16 ans ou aux salaires perçus à 30 ans, on aboutit à des estimations voisines de l'effet de la fréquentation d'une *grammar school* chez les enfants de familles aisées et chez les enfants de familles pauvres. Les quelques enfants rescapés de la classe ouvrière ayant rejoint l'élite scolaire et sociale anglaise ont, à juste titre, le sentiment que les *grammar schools* leur ont apporté un « plus » important. Mais le fait est que les enfants d'origine aisée ont également profité de cet avantage et, bien entendu, dans une proportion bien plus importante. De fait, il est clair que le système des *grammar schools* tel qu'il fonctionnait était source d'inégalités par rapport à un système où la sélection n'aurait pas dépendu du milieu social d'origine.

Abolition des *grammar schools* et inégalité des chances

Telle qu'elle opérait concrètement dans l'Angleterre des années 1960, la sélection à 11 ans était clairement inégalitaire et injuste. Pour autant l'abolition de toute forme de sélection a-t-elle permis de progresser vers des destins plus égaux entre enfants ? Cela n'a rien d'évident. En réalité, tout dépend de ce que recouvrait exactement l'avantage de fréquenter une *grammar school* plutôt qu'une *secondary modern school*, tel que nous venons de l'identifier.

Être admis en *grammar school* plutôt qu'en *secondary modern* modifiait inévitablement les ambitions scolaires des familles ainsi que l'attitude des enfants vis-à-vis de l'école et, sans doute, plus généralement vis-à-vis de leur avenir. Dans l'hypothèse où l'avantage dont ont bénéficié les élèves de *grammar schools* correspond à ce surcroît d'aspiration individuelle (et dans la mesure où l'abandon de la sélection a contribué à distribuer plus généreusement cette attitude positive vis-à-vis de l'école dans la population), alors la réforme a bel et bien contribué à accroître l'équité et l'efficacité du système éducatif. En fait, c'était exactement l'ambition affichée à l'époque par les réformateurs eux-mêmes [1]. Il est pourtant probable que l'avantage procuré par les *grammar schools* reflète non seulement l'attitude particulière vis-à-vis de l'école qu'elles suscitaient chez chacun de leurs élèves, mais également, et peut-être plus fondamentalement, le niveau scolaire en moyenne très élevé des enfants amenés à les fréquenter. On peut même raisonnablement imaginer que la plupart des bénéfices généralement associés à la fréquentation d'une *grammar school* – ambition plus forte, progression plus rapide dans les programmes, enseignants de meilleure qualité – sont en réalité la conséquence indirecte de cette donnée de base : la meilleure qualité du public autorisé à suivre sa scolarité dans une *grammar school*. Dans cette hypothèse, la réforme a sans doute produit une distribution plus juste des contextes dans lesquels se déroulent les scolarités, mais pas nécessairement un accroissement du niveau des élèves.

Pour bien comprendre la raison de ce phénomène, supposons que l'impact de la fréquentation d'une école donnée est proportionnel au niveau moyen des élèves qui la fréquentent : plus ce niveau moyen est élevé, plus le rythme d'acquisition des connaissances est soutenu, l'émulation entre élèves intense, et plus forte également la capacité d'attirer les meilleurs enseignants, etc., et meilleurs sont les résultats

1. Selon le texte même du décret de 1965, « L'objectif de la réforme est de donner à tous les enfants ce qu'aujourd'hui les *grammar schools* ne réservent qu'à quelques-uns ».

des enfants qui ont eu la chance d'être sélectionnés. Dans ce contexte, l'avantage procuré par la fréquentation d'une *grammar school* à la fin des années 1960 est proportionnel à la différence de niveau moyen des 15 % des élèves alors sélectionnés, d'une part, et des 85 % relégués en *secondary modern schools*, d'autre part. Toujours dans cette hypothèse, l'abolition des *grammar schools* a eu pour conséquence un effet fortement négatif pour les 15 % d'élèves qui auraient fréquenté ce genre d'établissement sans la réforme (puisqu'ils passent d'un contexte excellent à un contexte moyen) et un effet faiblement positif pour les 85 % qui auraient fréquenté une *secondary modern* sans la réforme (puisqu'ils passent d'un contexte légèrement au-dessous de moyen à un contexte moyen), les deux effets se compensant plus ou moins à l'échelle de l'ensemble de la population.

Remarquons au passage que ce scénario est quasi identique à celui qu'a révélé l'expérience sociale menée en Suède lors de la grande réforme des années 1950 : un grand impact négatif sur la minorité des enfants issus des classes supérieures de la société (dont la réforme brise l'accès privilégié au supérieur) et un effet positif plus faible pour l'immense majorité des autres enfants. Dans le cas suédois, la somme des effets positifs produit un effet global plus important que la somme des effets négatifs. Signe que, dans ce cas particulier, les conséquences de l'unification de l'enseignement secondaire ne se réduisent pas à une simple modification de la distribution des contextes de scolarisation, mais impliquent également la généralisation d'un *ethos*, d'une façon de concevoir les études qui étaient jusqu'alors réservées aux seuls enfants des catégories privilégiées.

Nous ne disposons pas, dans le cas anglais, d'expérience sociale en vraie grandeur, comme en Suède, qui permettrait d'évaluer directement l'effet du passage à l'école unique et de confirmer que le scénario suédois est bien le plus pertinent pour se représenter la réforme anglaise. En revanche, comme nous disposons d'observations avant et après la réforme, il demeure possible de comparer la façon dont les inégalités se creusent entre 11 ans et 16 ans au sein de la génération 1958, d'une part, et au sein de la génération 1970, c'est-à-dire après la disparition des *grammar schools*, d'autre part[1]. Soyons clairs : une comparaison aussi globale n'isole pas l'effet propre de la réforme sur la mobilité sociale (l'abolition des *grammar schools* n'est qu'un des facteurs ayant affecté les inégalités en Angleterre à cette époque). Elle demeure toutefois très instructive, ne serait-ce que pour mieux comprendre les myopies et les impasses du débat actuel.

Lorsqu'on compare les enfants appartenant aux 20 % des familles les plus pauvres à ceux des 20 % des familles les plus riches, on observe, lors des examens passés à 16 ans, un écart plus faible au sein de la cohorte 1958 qu'au sein de la cohorte 1970. Un accroissement des inégalités entre enfants pauvres et riches à l'issue des scolarités obligatoires semble bel et bien avoir accompagné l'abandon des *grammar schools* conformément aux visions les plus pessimistes. Cependant, quand on compare les enfants de familles pauvres et de familles aisées non plus à 16 ans, mais à 11 ans, avant leur passage dans l'enseignement secondaire, on constate des différences tout aussi grandes (et même légèrement plus grandes) entre les générations 1958 et 1970.

1. Il s'agit en fait d'appliquer aux cohortes anglaises nées entre 1958 et 1970 la même méthode de comparaison que celle utilisée par E. Hanushek et L. Wossman pour les comparaisons entre pays.

Si augmentation des inégalités il y a, elle est tout entière perceptible à la fin du primaire et tend même plutôt à diminuer au cours du secondaire. Au sein de la génération née en 1958, l'écart entre enfants pauvres et riches est ainsi plutôt plus fort à 16 ans qu'à 11 ans, tandis que, pour la génération qui a grandi sous le nouveau système, c'est le contraire. La réorganisation du secondaire semble avoir joué *contre* l'augmentation alors en cours des inégalités de destin, dont les causes doivent être recherchées ailleurs et dont les manifestations sont claires dès avant la fin du primaire.

Le débat sur le recul de la mobilité sociale en Angleterre

En fait, si la démocratisation de l'enseignement secondaire peine aujourd'hui à trouver grâce dans le public britannique, c'est que cette politique a été mise en œuvre à une époque marquée par une hausse très forte des inégalités et une stagnation, voire, selon certains auteurs, un recul de la mobilité sociale[1]. L'idée selon laquelle l'abandon des *grammar schools* a finalement été une erreur trouve d'autant plus d'écho dans l'opinion que les inégalités de destin entre enfants des différents milieux sociaux ne semblent pas avoir, au contraire, vraiment diminué au fil des générations nées avant et après.

1. La hausse des inégalités en Angleterre joue dans le débat public le même rôle idéologique que la persistance du chômage en France. L'une et l'autre de ces évolutions permettent à chaque opinion publique de disqualifier les politiques publiques qui lui déplaisent le plus (au motif qu'elles ont échoué à les enrayer).

Comparant la génération de 1958 et celle de 1970, Jo Blanden et ses collègues constatent ainsi un accroissement très net du degré de corrélation entre le revenu des enfants et celui de leurs parents au fil du temps[1]. Entre deux familles dont la première gagne deux fois plus que la seconde, les auteurs identifient un écart de revenus entre enfants d'environ 12 % au sein de la génération 1958 et de 25 % au sein de la génération née en 1970. À douze ans d'intervalle, les mêmes différences de revenus entre parents se traduisent par des écarts de revenus deux fois plus importants entre enfants.

Il va sans dire que la publication de ce résultat a connu un écho important au Royaume-Uni. Une controverse s'est développée sur la robustesse du diagnostic et l'interprétation qu'il convenait d'en donner. L'un des points les plus débattus est celui de la fiabilité des données utilisées pour mesurer le revenu des parents. Plusieurs commentateurs ont également fait remarquer que la corrélation entre la catégorie socioprofessionnelle du père et celle des enfants (par opposition à la corrélation entre revenus) était stable dans le temps, signe d'une stabilité de la mobilité sociale davantage que de son déclin.

En fait, que l'on adhère aux résultats de J. Blanden et de ses coauteurs ou à ceux, un peu moins pessimistes, de leurs

1. Dans ces enquêtes, le revenu parental est censé représenter celui dont disposaient les parents lorsque l'enfant avait 16 ans, et le revenu des enfants est celui qu'ils déclarent obtenir à 30 ans dans le NCDS et à 33 ans dans le BCS. Voir Jo Blanden, *Essays on Intergenerational Mobility and Its Variation over Time, Place and Family Structure*, PhD Thesis, Université de Londres, 2005 ; Jo Blanden, Alissa Goodman, Paul Gregg et Stephen Machin, « Changes in Intergenerational Mobility in Britain », *in* Miles Corak (éd.), *Generational Income Inequality*, Cambridge University Press, 2004 ; Jo Blanden, Paul Gregg, Lindsey Macmillan, « Accounting for Intergenerational Income Persistence : Noncognitive Skills, Ability and Education », CEE working paper 73, 2006.

contradicteurs, la même question reste posée : comment se fait-il qu'une période marquée par l'abandon de la sélection sociale à l'entrée du secondaire n'ait pas été également une période d'accroissement de la mobilité sociale ? Si notre diagnostic sur le rôle plutôt positif de l'abandon des *grammar schools* est juste, comment se fait-il que l'on n'observe pas de baisse de l'impact de l'origine sociale sur le destin des enfants ?

En réalité, quand on examine de près la période en question, on découvre plusieurs facteurs susceptibles d'avoir puissamment contrecarré les effets de la démocratisation scolaire. À commencer par la montée des inégalités de revenus entre les familles. Douze années seulement séparent la génération née en 1970 de la génération née en 1958. Et pourtant les enfants de 1970 grandissent dans une société beaucoup plus inégalitaire que ceux de 1958. Les indicateurs mesurant les inégalités de revenus entre familles s'accroissent brutalement[1], et la proportion d'enfants grandissant dans une famille sous le seuil de pauvreté est multipliée par deux en douze ans.

Le lien entre inégalité ou pauvreté, d'une part, et mobilité sociale, d'autre part, est loin d'être mécanique, même si les sociétés les plus inégales tendent aujourd'hui à être celles où l'inégalité des chances est la plus forte. Les sociétés nordiques contemporaines sont à la fois les plus égalitaires et celles où les écarts de revenus entre parents ont le moins d'effets sur le destin des enfants. Inversement, la société américaine est à la fois l'une des plus inégalitaires et l'une

1. Le coefficient de variation de la distribution des revenus parentaux (rapport entre l'écart type et la moyenne des revenus) augmente d'environ 15 % en douze ans (de 0,45 à 0,52).

de celles où le destin des enfants est le plus fortement déterminé par celui des parents.

Au cours de la même période, la société américaine fait également l'expérience d'une montée très forte des inégalités, sans que l'on constate pour autant une baisse de la fluidité sociale, à l'exception peut-être des cohortes les plus récentes. Une spécificité anglaise tient peut-être à la hausse particulièrement forte de la proportion d'enfants pauvres. Plus d'inégalité et de pauvreté ne signifie pas nécessairement moins de fluidité sociale, sauf peut-être quand cette évolution plonge une partie importante de la jeunesse dans la pauvreté. On tient là une explication plausible de l'impact croissant de l'origine sociale sur les performances dans le primaire, tel que nous avons pu l'identifier plus haut.

La réforme a-t-elle fait baisser le niveau des élèves ?

Le suivi des jeunes Anglais nés en 1958 permet de se faire une idée assez précise de l'importance considérable que revêtait pour chacun des membres de cette génération la fréquentation d'une *grammar school* plutôt que d'une *secondary modern school*. Très différente est la question de savoir si l'abolition du système ancien a ou non permis d'augmenter le niveau général des élèves des générations suivantes. Pour éclairer ce débat, il faudrait pouvoir définir un segment du territoire anglais qui n'aurait pas été atteint par la réforme en même temps que les autres : l'évaluation reposerait alors sur la comparaison de l'évolution des niveaux scolaires dans cette partie du territoire et dans les autres. Dans cette veine, une idée serait d'utiliser l'Irlande du Nord comme point de comparaison, puisqu'elle n'est pas passée à l'école unique en même temps que le reste du Royaume-Uni. Malheureusement, les enquêtes du BCS/NCDS ne sont pas conduites dans cette province. Nous reviendrons toutefois sur l'exception irlandaise dans le chapitre suivant, car elle demeure très riche d'enseignements. Une autre idée est d'utiliser la latitude qui fut laissée aux districts scolaires anglais pour mettre en œuvre la réforme à leur rythme.

Le système anglais est traditionnellement très décentralisé et, comme nous avons déjà eu l'occasion de le souligner, le passage à l'école unique s'est déroulé selon des calendriers très différents d'un district scolaire à l'autre. En conséquence, il est possible de comparer le destin de personnes d'une même génération, mais résidant dans des districts n'ayant pas adopté la réforme au même moment.

Dans des travaux menés avec Sandra McNally, nous avons suivi cette piste en analysant, pour les générations 1958 et 1970, l'évolution des salaires et des performances à 16 ans dans les différents districts scolaires, selon qu'ils étaient ou non déjà bien engagés dans la réforme au moment de scolariser la génération 1958. L'esprit est en fait le même que celui des évaluations scandinaves, sinon que, dans le cas anglais, l'ordre de passage au système réformé n'a été organisé par aucune instance gouvernementale et a été avant tout déterminé par la proximité idéologique des différents districts avec l'esprit de la réforme. Quand on raisonne ainsi, l'accroissement des salaires et des performances scolaires dans un district apparaît d'autant plus fort au fil des générations que la réforme y était peu avancée en 1969, c'est-à-dire au moment où la génération 1958 entrait dans le secondaire. Plus un district s'est réformé entre 1969 et 1981, meilleures sont les évolutions observées pour les générations successives[1]. Ces résultats sont cohérents avec ceux obtenus dans les pays scandinaves et contribuent, eux aussi, à écarter l'hypothèse d'un effet déprimant de la réforme sur le niveau moyen des élèves. Il serait toutefois hasardeux d'aller beaucoup plus loin dans nos conclusions : l'analyse anglaise repose seulement sur l'observation d'une centaine de districts et les corrélations ainsi établies sont, comme toujours dans ce cas, statistiquement fragiles.

Dans le chapitre suivant, pour progresser dans l'analyse, nous allons nous concentrer sur une province particulière du Royaume-Uni : l'Irlande du Nord. Dans un premier temps, elle a choisi de rester complètement à l'écart de la réforme. Dans un second temps, à la fin des années 1980, elle a partiellement assoupli la sélection à l'entrée du collège, et c'est de cette réforme partielle que nous allons maintenant essayer de tirer les enseignements. Elle offre une occasion assez exceptionnelle de comparer non pas l'école unique avec un système de sélection à 11 ans, mais deux systèmes de sélection à 11 ans, l'un plus sélectif que l'autre. Cette comparaison permet d'évaluer, avec beaucoup plus de précision que la réforme anglaise, les effets propres d'une sélection plus ou moins grande au collège sur les performances moyennes des élèves et sur les inégalités.

1. En revanche, on ne constate pas de corrélation entre le degré d'avancement de la réforme en 1969 dans les différents districts scolaires et l'évolution entre 1969 et 1981 de la qualité des élèves de primaire des différents districts (qualité mesurée par les résultats aux tests menés en fin de primaire). Le lien entre degré d'avancement de la réforme en 1969 et évolution entre 1974 et 1986 des résultats aux tests de fin de secondaire ne peut pas s'expliquer par des changements dans la qualité du public d'élèves des différents districts.

CHAPITRE III

L'expérience irlandaise[1]

Les élèves d'Irlande du Nord doivent assimiler au primaire, puis dans le secondaire, les mêmes programmes que leurs camarades anglais ou gallois des autres provinces du Royaume-Uni. Ils passent les mêmes examens nationaux à 16 ans en fin de scolarité obligatoire, puis à 18 ans à la fin de leurs études secondaires, pour obtenir le droit d'entrer dans les mêmes universités. Ils évoluent dans un système presque parfaitement identique à celui du reste du Royaume-Uni. Seule véritable différence, mais de taille : l'Irlande du Nord n'est toujours pas passée au collège unique, elle n'a toujours pas aboli le système à deux vitesses des *grammar schools* mis en place au lendemain de la Seconde Guerre mondiale. À la différence de l'Angleterre et des autres provinces, l'Irlande du Nord conserve aujourd'hui une stricte séparation entre des *grammar schools* habilitées à sélectionner dès l'âge de 11 ans la crème des élèves de primaire, et des *comprehensive schools* qui ont vocation à accueillir tous les autres collégiens. Les programmes suivis par les élèves

1. Ce chapitre s'appuie sur une recherche menée avec S. McNally. Voir É. Maurin et S. McNally, « Educational Effect of Widening Access to the Academic Track : A Natural Experiment », IZA, Discussion Paper, 2007b.

dans les deux types d'école sont en théorie les mêmes. En pratique, la qualité des élèves, leurs aspirations et leurs perspectives scolaires et sociales sont totalement différentes.

L'abolition du système des *grammar schools* a été réalisée en Angleterre au milieu des années 1970 et a bien failli l'être également en Irlande du Nord à la même époque. Mais le retour des conservateurs au pouvoir en 1979 a interrompu *in extremis* le processus et pérennisé un *statu quo* qui dure encore aujourd'hui. En Irlande du Nord comme ailleurs, les institutions les plus sélectives sont associées à ce que le pays produit de meilleur, à son élite. Elles occupent dans l'imaginaire une place dont il est difficile de les déloger. Elles sont en ce sens emblématiques de l'excellence nationale, et les remettre en cause, c'est, d'une certaine manière, porter atteinte à cette excellence.

Le sujet demeure toutefois au centre de débats extrêmement âpres et passionnés. Les milieux conservateurs voient dans le maintien de ce système la cause profonde des bonnes performances scolaires des jeunes Irlandais du Nord comparés au reste du Royaume-Uni. Selon eux, il serait naïf de penser que tous les élèves seraient faits pour suivre un enseignement académique et bénéficier d'études secondaires longues. C'est pourquoi ils soutiennent la pertinence d'une sélection précoce. De leur côté, les travaillistes dénoncent un système intrinsèquement inégalitaire, générant une part plus importante qu'ailleurs en Europe de jeunes salariés peu ou pas du tout qualifiés à l'entrée sur le marché du travail. L'abolition du système est de nouveau inscrite à l'agenda politique irlandais pour 2008. En réalité, personne ne sait très bien quel serait l'effet d'un abandon ou d'une réforme de ce système sur les performances moyennes ou sur les inégalités entre enfants de différents milieux sociaux. Comme nous l'avons vu au chapitre précédent, l'abandon des *grammar schools* en Angleterre s'est fait selon des modalités qui rendent son évaluation complexe, et le moins que l'on puisse dire c'est qu'il n'y a pas encore vraiment de consensus sur les leçons à en tirer.

L'Irlande du Nord n'est pas la seule région d'Europe à maintenir une sélection très stricte des meilleurs élèves à l'entrée de l'enseignement secondaire. Un pays comme l'Allemagne n'est toujours pas passé au collège unique, même si beaucoup voient aujourd'hui dans cette option sélective l'une des causes profondes des résultats relativement médiocres obtenus par les jeunes Allemands aux évaluations internationales, ainsi que le degré relativement élevé d'inégalités entre élèves d'origines géographiques ou sociales différentes[1]. La publication des résultats de l'enquête internationale PISA de l'OCDE, en 2001 et 2002, a provoqué un véritable choc en Allemagne puisque le niveau des jeunes Allemands apparaît inférieur à la moyenne des pays de l'OCDE dans presque tous les domaines (20e sur 32 pays). Dans le sillage de ce rapport, une réflexion s'est engagée au niveau national pour réformer le système éducatif allemand.

Les mêmes interrogations apparaissent en Suisse ou en Autriche qui ont également conservé un système sélectif. Le débat sur l'opportunité de maintenir une sélection précoce n'est finalement pas moins âpre dans ces sociétés que ne le sont les controverses sur le retour à des filières séparées dans les pays où le collège unique est aujourd'hui en place.

1. Voir par exemple Christian Dustman, « Parental Background Secondary School Track Choice and Wages », *Oxford Economic Papers*, 56, 2004, p. 209-230.

Ces discussions sont d'autant plus tendues que les éléments de diagnostic empirique restent rares et lacunaires.

Le système éducatif irlandais a néanmoins connu, à la fin des années 1980, un mouvement important de démocratisation. Du fait même de son caractère partiel et ponctuel, cette expérience offre, comme nous allons le voir, un laboratoire inédit pour identifier les effets – en réalité clairement bénéfiques – d'une ouverture des filières sélectives à des publics qui jusqu'alors en étaient exclus[1]. Cette expérience devrait inspirer aux Irlandais de nouvelles réformes d'ouverture dans les années qui viennent.

La réforme irlandaise de la fin des années 1980

Aujourd'hui comme dans les années 1950, les élèves d'Irlande du Nord passent le redoutable examen du *Eleven Plus* à la fin de leur scolarité primaire. À l'issue d'une journée de tests, ils sont l'objet d'un verdict qui les suivra toute leur vie : *passed* ou *failed*. Le tiers ayant obtenu les meilleurs résultats et réussi l'examen se trouve de droit admis dans une *grammar school*. Les autres sont relégués dans le marais des *comprehensive schools*. Dès l'âge de 11 ans, chacun peut se faire une idée très précise du destin scolaire qui l'attend : les trois quarts de ceux qui sont acceptés en *grammar school* obtiendront au moins un *A-level* (l'équivalent du baccalauréat français, passeport pour l'université), alors que les autres seront moins de 20 % à y parvenir.

1. Voir É. Maurin et S. McNally, art. cité, 2007b.

On imagine bien qu'un système aussi brutalement sélectif ne fait pas (ou plus) l'unanimité. Créés dans l'ensemble du Royaume-Uni en 1944, l'examen du *Eleven Plus* et le système des *grammar schools* ont pourtant traversé les décennies sans modification de fond, tout du moins en Irlande du Nord. La seule réforme importante eut lieu à la fin des années 1980. Encore ne s'agissait-il pas d'une remise en cause du principe et de la forme de la sélection, mais d'une modification de son intensité. Avant 1989, les quotas d'élèves admis dans les *grammar schools* étaient sensiblement plus faibles que la capacité d'accueil réelle de ces écoles. Les quotas en vigueur représentaient alors ce que les responsables de ces institutions jugeaient être la « bonne » proportion de la population susceptible de bénéficier d'un enseignement académique et d'une scolarité longue. En 1989, suite au retour au pouvoir des travaillistes, le système ne fut pas réformé sur le principe – chose sans doute alors politiquement impossible –, mais dans le sens d'un accès plus large aux *grammar schools*. L'examen du *Eleven Plus* fut maintenu et les établissements d'élite gardèrent le droit de sélectionner leurs élèves en fonction de leurs résultats à cet examen. Mais chacun de ces établissements serait désormais tenu d'accueillir chaque année un nombre d'élèves correspondant non plus à ce qu'il juge être la « bonne » proportion, mais à ce que l'administration scolaire considérerait comme sa pleine capacité d'accueil. Dans les années qui suivirent la réforme, on ne créa pas de nouvelles écoles, mais on leur imposa de nouveaux quotas environ 15 % plus élevés pour chacune des quelque soixante-dix-sept *grammar schools* d'Irlande du Nord. De fait, entre la cohorte née en 1978 et la cohorte née en 1979 (la première touchée par la réforme), les données recueillies par l'administration irlandaise confirment une augmentation d'environ 15 % du nombre total d'élèves admis en *grammar school*, alors que ce nombre est essentiellement stable pour les cohortes antérieures à 1978 ainsi que pour celles postérieures à 1979.

Les réformes de l'enseignement secondaire menées dans les années 1950 et 1960, en Angleterre, en France ou en Scandinavie, se sont appuyées sur une grande diversité d'instruments : hausse de la durée de la scolarité obligatoire, séparation plus tardive des élèves entre les voies académiques et professionnelles, adaptation des programmes à la nouvelle architecture du système, développement des infrastructures, etc. Ces réformes se sont également étalées sur de nombreuses années. En France, il s'est écoulé près de trente ans entre les premières réformes et l'achèvement d'une forme de collège unique à la fin des années 1980. De façon générale, il est très difficile d'évaluer des processus aussi complexes, combinant simultanément une telle variété d'instruments à l'échelle de tout un pays. La promotion d'une plus grande mixité sociale et scolaire au collège ne représente qu'une facette particulière de ces grandes réformes, et il est en général impossible d'en identifier le rôle propre. De ce point de vue, la réforme menée en Irlande du Nord, à la fin des années 1980, représente une opportunité exceptionnelle : elle s'appuie essentiellement sur un seul et même instrument (l'ouverture de la filière académique à des publics nouveaux) ; elle est très localisée dans le temps (tout change en un an) ; enfin, elle se déroule non pas à l'échelle d'un pays, mais dans une seule de ses provinces, offrant la possibilité de comparer l'évolution de sa situation avec celle, à la même époque, d'un système complètement similaire (le système anglais), sinon qu'il n'est l'objet d'aucune réforme.

Du côté des promoteurs de la réforme, l'objectif principal est de permettre à un nombre plus important d'enfants de poursuivre leurs études au-delà de 16 ans jusqu'aux *A-levels*, condition minimale pour accéder à l'université. En ouvrant les meilleurs collèges à d'autres élèves que ceux du tout premier tiers de la hiérarchie des performances scolaires, l'idée est également de promouvoir une plus grande égalité d'accès à l'enseignement secondaire. Les adversaires de la réforme rétorquent que le départ des meilleurs élèves des *comprehensive schools* pour les *grammar schools* va immanquablement s'accompagner d'une baisse simultanée de l'efficacité des deux types d'écoles. Selon eux, le gain d'égalité dans les destins scolaires va s'obtenir au prix d'une diminution du niveau, tant chez les élèves de *comprehensive schools* que chez ceux de *grammar schools*. Dans le cadre très particulier de l'Irlande du Nord de la fin des années 1980, on assiste au retour de l'éternelle et universelle controverse entre une frange progressiste, qui avance des réformes égalisatrices en pensant qu'elles n'affecteront ni la qualité ni la quantité du bien à partager, et des milieux plus conservateurs, acquis à l'idée que toute réforme de cette nature aura nécessairement pour effet pervers de dénaturer le bien dont on cherche à ouvrir l'accès.

Le niveau des 16-18 ans a-t-il baissé ?

Aussi simple soit-elle, une réforme comme celle menée en Irlande du Nord à la fin des années 1980 peut générer au moins trois types d'effets très différents. On s'attend évidem-

FIGURE 5 : Évolution du nombre d'admis
dans les *grammar schools* d'Irlande du Nord
et du nombre total d'élèves, selon l'année de naissance
(cohortes nées entre 1974 et 1982, référence 1974).

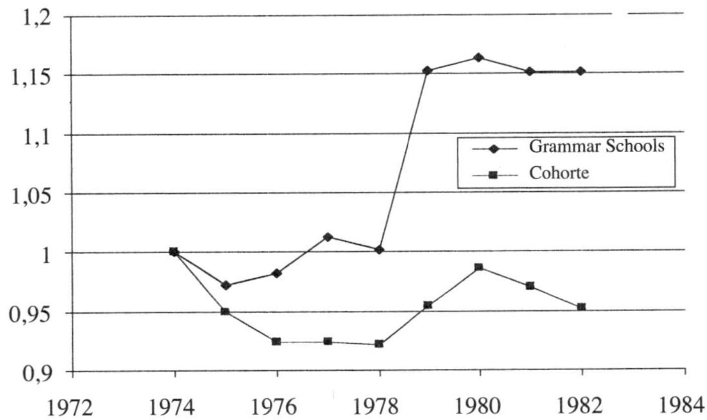

Source : É. Maurin et S. McNally (2007b).
Lecture : Le nombre d'élèves admis en grammar school est 15% plus élevé pour la cohorte 1980 que pour la cohorte 1974. La taille de la cohorte 1980 est 5% plus faible que la taille de la cohorte 1974.

ment en premier lieu à ce qu'elle améliore le destin de ceux qui, grâce à elle, fréquentent une filière sélective (*grammar school*) et qui, sans elle, n'auraient pu aller que dans une filière non sélective (*comprehensive school*). Dans notre cas particulier, on peut estimer que 5 % de la population totale des collégiens ont ainsi vu leur destin prendre une orientation radicalement différente dès l'âge de 11 ans, du simple fait de la réforme. Au-delà de cet effet direct, une démocratisation des filières sélectives peut également avoir un effet indirect sur les élèves des filières non sélectives (ils voient partir leurs meilleurs camarades) ainsi que pour les élèves des filières sélectives (ils voient arriver dans leurs rangs des élèves *a priori* moins performants qu'eux et susceptibles d'abaisser le niveau général de leur établissement). Les promoteurs de la réforme mettent évidemment en avant le premier effet, *a priori* très positif, tandis que les adversaires se focalisent sur les effets de détérioration du contexte scolaire, *a priori* négatifs. En réalité, rien ne permet *ex ante* de savoir lequel des effets domine : il s'agit avant tout d'une question empirique. Dans un ensemble de recherches menées avec S. McNally, nous avons essayé d'éclairer ce débat en tirant parti de la très grande richesse des sources d'informations administratives disponibles en Irlande du Nord et en Angleterre.

En préambule, ces données démontrent de façon très claire que la réforme n'a pas simplement accompagné une évolution en cours (comme souvent), mais bel et bien généré une véritable rupture dans la fréquentation des collèges les plus sélectifs. La figure 5 retrace l'évolution du nombre d'admis en *grammar school* au fil des cohortes et confirme une hausse nette (de 15 %) juste à partir de la cohorte née en 1979, la première arrivée au collège après la mise en place des nouveaux quotas. Le nombre d'admis est stable avant et après : l'inflexion est donc parfaitement localisée dans le temps. La taille des cohortes arrivant au collège étant un peu plus forte après la réforme qu'avant, la probabilité d'accès aux *grammar schools*[1] augmente de façon un peu moins brutale que le nombre d'admis (+ 12 % plutôt que + 15 %). L'impact est toutefois là encore très net : environ 34 % à 35 % des personnes nées en 1979 ou 1980 ont fréquenté une

1. C'est-à-dire le rapport entre le nombre d'admis et la taille de la cohorte.

FIGURE 6 : Probabilité d'obtention d'au moins un *A-level* en Angleterre et en Irlande du Nord (cohortes 1975-1982).

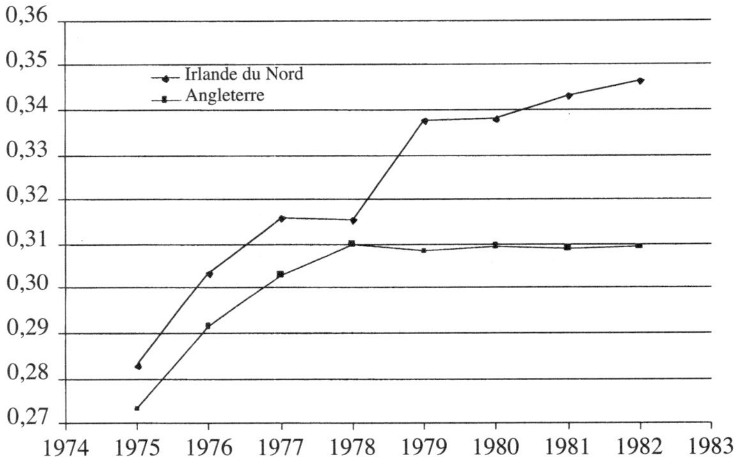

Source : É. Maurin et S. McNally (2007b).
Lecture : Entre la cohorte 1978 et la cohorte 1979, la probabilité d'obtenir au moins un *A-level* passe d'un peu plus de 0,31 à un peu moins de 0,34 en Irlande du Nord. Elle est stable en Angleterre.

grammar school, contre 30 % à 31 % pour les cohortes nées en 1978, 1977 ou 1976.

Dans ce contexte, la question fondamentale est extrêmement simple : dans quelle mesure le brutal accroissement de la proportion d'élèves irlandais admis dans les filières les plus sélectives s'est-il accompagné d'une inflexion similaire des performances moyennes des Irlandais par rapport à leurs voisins anglais aux examens de fin de scolarité obligatoire ou aux examens de fin de scolarité secondaire ?

Pour répondre, les figures 6 et 7 comparent l'évolution des proportions de jeunes obtenant au moins un *A-level*, en

FIGURE 7 : Différence entre la probabilité d'obtention d'au moins un *A-level* en Angleterre et en Irlande du Nord (cohortes 1975-1982).

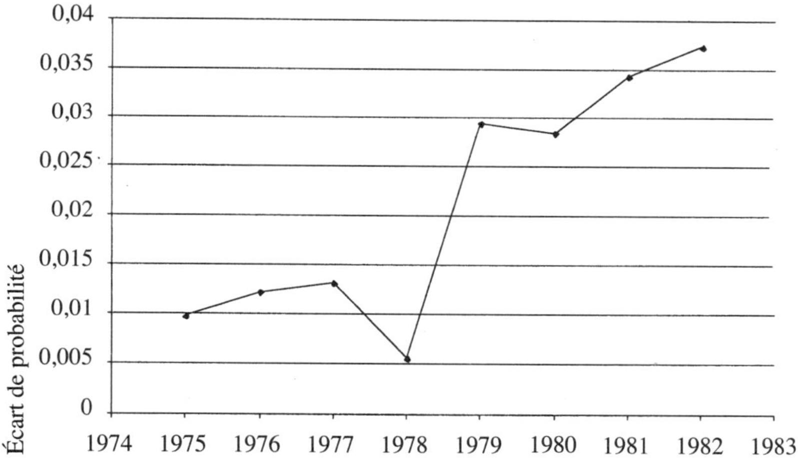

Source : É. Maurin et S. McNally (2007b).

Irlande du Nord et en Angleterre, au fil des cohortes nées avant, pendant et après la réforme de la fin des années 1980. Ces figures illustrent de façon particulièrement claire l'effet de la réforme sur les performances des jeunes Irlandais. Sous l'ancien système, les performances suivent dans les deux régions une tendance parfaitement parallèle, avec une différence très stable dans la proportion de succès aux *A-levels* d'environ 1 point en faveur de l'Irlande du Nord. Juste après la réforme, la différence passe brutalement à 3,5 points, puis se stabilise à ce niveau pour les cohortes suivantes. Au total, le gain d'environ 4 points dans la probabilité d'accès aux filières sélectives en Irlande du Nord s'est accompagné d'un surcroît d'environ 2 points dans la probabilité de succès aux *A-levels*, soit une élasticité assez considérable[1] du taux de réussite aux *A-level*s au taux d'ouverture des filières sélectives. De fait, l'accroissement de 15 % du nombre de places offertes dans les *grammar schools* d'Irlande du Nord s'est accompagné d'une augmentation de près de 12 % du nombre d'étudiants qui réussissent à 18 ans leur examen de fin de scolarité secondaire et à qui s'ouvrent les portes de l'université, hausse en rupture complète avec les tendances qui prévalaient avant la réforme.

Fréquenter un collège qui oriente les individus vers la poursuite d'études longues a sans nul doute un effet incitatif sur les aspirations des élèves et sur leur persévérance dans le système scolaire. L'augmentation du nombre d'étudiants réussissant un *A-level* après la réforme est peut-être la conséquence de cet effet stimulant, autant que celle d'un véritable accroissement des compétences scolaires des élèves autorisés à fréquenter une *grammar school* plutôt qu'une *comprehensive school*.

Pour trancher entre ces deux interprétations, nous avons examiné l'effet de la réforme sur les résultats à un ensemble d'examens que tout le monde passe, persévérance scolaire ou pas : l'examen de fin de scolarité obligatoire (*General Certifications of Secondary Education*, les GCSE, équivalent britannique du brevet français). À 16 ans, l'ensemble des collégiens du Royaume-Uni passe une batterie d'examens dans l'ensemble des domaines couverts par le programme (maths, anglais, sciences, etc.), notés pour chaque matière entre A et G. Le critère de « réussite » généralement retenu est l'obtention d'au moins cinq GCSEs notés entre A

1. D'environ 0,5 (*i.e.*, 2/4).

et C. L'examen de cet indicateur de performance scolaire avant et après la réforme n'est pas moins édifiant que celui du nombre d'étudiants obtenant au moins un *A-level*. Le nombre d'élèves obtenant au moins cinq A-C aux GCSEs augmente ainsi de 12 % entre la cohorte 1978 et la cohorte 1979, alors qu'il est à peu près stable entre 1977 et 1978 ou entre 1979 et 1980. La probabilité d'obtenir cinq GCSEs ou plus augmente ainsi d'une cohorte à l'autre de près de 5 points en Irlande du Nord, alors qu'elle est à peu près stable en Angleterre sur la même période. Quand on raisonne ainsi en différence par rapport à l'Angleterre, l'impact d'un accroissement élémentaire de la probabilité d'accès aux institutions les plus sélectives et généralistes de l'enseignement secondaire conduit à une amélioration des résultats obtenus à l'examen national de fin de collège encore plus importante que l'amélioration perceptible deux ans plus tard, en fin de scolarité secondaire, au lycée. Dans la mesure où passer l'examen de fin de scolarité obligatoire au collège ne dépend aucunement de la capacité à persévérer dans le système scolaire, on tient un indice supplémentaire de l'effet extrêmement positif qu'a eu, sur le niveau moyen des élèves irlandais, l'augmentation des capacités d'accueil dans les filières les plus sélectives et généralistes.

Pour compléter le diagnostic, il est intéressant d'examiner l'évolution des performances séparément dans les *grammar schools*, d'une part, et dans les *comprehensive schools*, d'autre part. Pour commencer, on ne constate aucune baisse des performances moyennes dans les *comprehensive schools* après la réforme, malgré le départ des élèves ayant obtenu les meilleurs résultats au *Eleven Plus*. Ce résultat suggère que les performances individuelles des élèves de ces écoles aux examens de fin de scolarité secondaire sont assez peu liées, non seulement à ce qu'était leur niveau en fin de primaire, mais également (contrairement à un argument souvent avancé) au niveau moyen de leurs camarades de classe. Sans quoi, le départ vers les *grammar schools* de la frange d'élèves ayant eu les meilleurs résultats en fin de primaire aurait dû mécaniquement avoir un effet négatif sur les performances observées dans les *comprehensive schools* après la réforme. Dans les *grammar schools* prises séparément, on constate une très légère baisse du niveau moyen de performance aux examens, tout à fait cohérente avec l'arrivée de nouveaux élèves *a priori* moins forts scolairement. Point crucial, cette stagnation, voire cette baisse, du niveau dans les écoles prises séparément n'est pas du tout incohérente avec la hausse très nette du niveau moyen observé quand on considère l'ensemble des écoles. La hausse globale reflète en effet l'impact considérable de la réforme sur les élèves ayant changé d'école du fait de la réforme, impossible à mesurer par une analyse disjointe des performances dans les *grammar schools* et dans les *comprehensive schools*.

Soulignons une fois encore que l'on touche là à l'une des causes profondes de la divergence très souvent constatée entre l'incidence objectivement positive de la démocratisation scolaire et le sentiment de baisse du niveau qu'éprouvent les acteurs de ses réformes, qu'il s'agisse des parents ou des enseignants. Les personnes qui vivent ces changements de l'intérieur ont par définition un point de vue très « situé » sur la réforme, et leur jugement est par conséquent exposé à un biais intrinsèquement négatif. Pour poursuivre sur l'exemple de l'Irlande du Nord, certains enseignants de *comprehensive schools* (et plus encore de *grammar schools*) ont sans doute eu le sentiment que la réforme n'avait aucun effet, voire un effet négatif sur leur établissement. En un sens, cette impression reposait sur une observation assez juste de ce qui se passait dans leur environnement immédiat, mais qu'il était faux de tenir pour représentative de ce qui se produisait à l'échelle du pays et de ses nouvelles générations. Seul un point de vue englobant la totalité des institutions, sélectives et non sélectives, permet d'identifier l'effet d'ensemble, et celui-ci est en l'occurrence très positif.

Les inégalités entre filles et garçons

La comparaison de l'évolution d'une région qui bénéficie d'un nouveau dispositif avec une région voisine qui n'en bénéfie pas fait courir le risque de confondre l'effet de la réforme à proprement parler avec l'effet de changements institutionnels ou macrosociaux exactement contemporains de sa mise en place. Il est donc souvent très éclairant de compléter ce type d'évaluation par une comparaison de l'évolution de sous-groupes plus ou moins exposés à la réforme *au sein même* de la région qui l'a adoptée.

De ce point de vue, une particularité très intéressante de la réforme irlandaise de 1990 est d'avoir été précédée, dès 1989, d'une modification qualitative du concours d'admission en *grammar school* en faveur des filles. Sans incidence sur le nombre d'admis, cette modification a néanmoins eu pour conséquence un déclin par paliers, entre 1988 et 1991 (c'est-à-dire sur les cohortes nées entre 1977 et 1980), de la proportion de garçons présents dans les *grammar schools*. Comme nous allons le voir, cette décroissance progressive s'est accompagnée d'un déclin au même rythme – et d'amplitude comparable – des performances relatives des garçons irlandais aux examens passés à 16 ans ou à 18 ans.

Jusqu'en 1988, filles et garçons faisaient l'objet d'une évaluation et d'un classement séparés lors de l'examen de fin de primaire. Les seuils d'admission en *grammar school* étaient ainsi calculés séparément, de sorte que des pourcentages à peu près équivalents de filles et de garçons commençaient leur scolarité secondaire dans une école sélective (en 1987, 30 % des garçons et 32 % des filles). Les filles ayant en moyenne de meilleurs résultats que les garçons en fin de primaire, ce système était légèrement discriminatoire pour elles. Une petite fraction des filles se voyait chaque année refuser l'accès aux *grammar schools* au profit de garçons ayant pourtant moins bien réussi leur examen *Eleven Plus*. Suite à une plainte déposée par plusieurs familles de filles, le système fut modifié de sorte que filles et garçons fassent l'objet d'un seul et même classement. Point particulièrement intéressant, cette réforme fut appliquée non pas exactement en même temps que la grande réforme des quotas, mais un an avant, dès l'arrivée dans le secondaire des enfants nés en 1978. Ce léger décalage permet de repérer et d'analyser l'effet spécifique de la réforme du mode d'admission des filles et des garçons en analysant la composition sexuelle des *grammar schools* pour les cohortes nées en 1977 et 1978, juste avant la transformation des quotas.

L'effet spécifique de la modification du mode d'admission des filles et des garçons n'est quantitativement pas très important, mais il se repère toutefois assez clairement : entre les cohortes 1977 et 1978, le nombre de filles admises en *grammar school* progresse très légèrement (+ 1 %) tandis que celui des garçons *diminue* (environ – 3 %). À effectif à peu près constant, la modification du mode d'admission a bien conduit à un léger déclin de la part des garçons admis dans les écoles sélectives entre les cohortes 1977 et 1978. De façon intéressante, aussi marginal puisse-t-il paraître, ce déclin s'accompagne d'un décrochage des garçons par rapport aux filles lors des examens de fin de secondaire[1]. En réalité, il y a au moins deux interprétations possibles de ce déclin relatif des garçons nés en 1978. On peut y voir une confirmation de l'effet considérable sur les destins scolaires d'une restriction de l'accès aux formations longues, confirmation d'autant plus intéressante qu'elle se fonde sur la comparaison non plus de deux provinces différentes du Royaume-Uni (Irlande du Nord et Angleterre), mais sur deux sous-groupes (garçons et filles) différents d'une même province. Une autre interprétation possible est qu'au cours de la période analysée la demande d'éducation secondaire des filles s'accroît en tendance (en même temps que leur perspective d'intégration professionnelle ultérieure). La corrélation entre l'accroissement de la proportion de filles dans les *grammar schools* et l'amélioration de leurs performances à 16 ou 18 ans pour les générations 1977-1978 n'est peut-être finalement qu'une coïncidence historique.

Pour trancher entre ces deux interprétations, il est intéressant de comparer le destin des filles et des garçons d'Irlande du Nord au sein des cohortes nées immédiatement après, au moment de l'accroissement des quotas. Cette analyse révèle

1. On constate ainsi une diminution d'amplitude comparable de la proportion relative de garçons obtenant au moins 5 GCSEs au niveau A-C (– 1 point) et une diminution d'amplitude plus forte encore de la proportion relative de garçons obtenant au moins un *A-level* (– 2 points).

que la forte hausse des admissions observée en 1990 a été plus forte en réalité pour les garçons que pour les filles, peut-être selon une logique de rattrapage. La cohorte de garçons née en 1979 bénéficie ainsi, au moment de l'entrée en vigueur des nouveaux quotas, d'un surcroît d'admission temporaire, qui annule d'ailleurs provisoirement les effets de la réforme des modes d'admissions survenue l'année précédente. Très précisément, la proportion relative de garçons admis en *grammar school* augmente de 1 point entre 1978 et 1979, après avoir décliné de 1 point environ entre 1977 et 1978. Par la suite, en 1991, la proportion de garçons baissera de nouveau de 1 point et se stabilisera ensuite à un niveau plus faible de 1 point qu'avant 1989. Au total, l'interaction de la réforme des quotas et du mode d'admission des filles s'est accompagnée de fluctuations à la hausse, puis à la baisse de la proportion de garçons admis à 11 ans dans les *grammar schools*, avant de se stabiliser à un niveau légèrement plus faible qu'avant la réforme.

De façon tout à fait éclairante pour notre propos, on observe des fluctuations parfaitement parallèles dans les performances relatives des garçons aux examens passés à 16 ans ou à 18 ans. Un rattrapage temporaire des résultats des garçons s'effectue ainsi entre les cohortes 1978 et 1979, puis de nouveau les performances relatives des filles s'améliorent. Au total, quand on analyse très finement les destins scolaires des filles et des garçons appartenant aux cohortes nées entre 1977 et 1980, on constate que chaque inflexion dans la proportion relative de garçons admis en *grammar school* s'est accompagnée d'une inflexion parallèle dans leurs performances relatives à 16 ans ou à 18 ans.

La comparaison des résultats des filles et des garçons d'Irlande du Nord avant et après la réforme nous conduit ainsi au même résultat que la comparaison de l'ensemble des élèves irlandais et des élèves anglais, réalisée précédemment : un élargissement de l'accès aux filières sélectives à 11 ans produit, en règle générale, une amélioration relative très similaire des résultats scolaires à 16 ou 18 ans des populations concernées par cet élargissement.

Pour achever cette analyse, il est possible de combiner les deux approches précédentes et de comparer l'évolution des performances relatives des Irlandais et des Anglais, pour les filles et les garçons séparément, avant, pendant et après la réforme. Les résultats sont éloquents : entre 1977 et 1978, quand la proportion de garçons décline dans les *grammar schools* irlandaises, les résultats relatifs des Irlandais décroissent par rapport à leurs homologues anglais, tandis que ceux des Irlandaises s'accroissent. Entre 1978 et 1979, quand la proportion de garçons dans les *grammar schools* augmente plus vite que la proportion de filles, les résultats scolaires relatifs des garçons d'Irlande augmentent plus vite que ceux des filles d'Irlande. Enfin, entre 1979 et 1980, alors que la proportion de garçons décroît de nouveau dans les *grammar schools*, les résultats reviennent aussi à la situation de 1977-1978, avec un déclin absolu et relatif des performances des garçons d'Irlande, tandis que celles des filles s'accroissent.

Au-delà des fluctuations de court terme, les réformes irlandaises se sont accompagnées d'une hausse de la proportion relative de filles admises dans les écoles sélectives d'Irlande du Nord, et cette évolution s'est traduite par une amélioration des performances relatives des jeunes Irlandaises par rapport aux jeunes Anglaises, plus nette encore que l'amélioration des performances relatives des jeunes Irlandais par rapport aux jeunes Anglais. L'expérience irlandaise nous livre une preuve assez limpide de ce que les inégalités de destins scolaires entre filles et garçons dans un pays donné, quelles qu'elles soient, ne sont pas une fatalité, mais le résultat très direct des institutions en place.

Sélection et inégalités des chances

En Irlande du Nord comme en Angleterre, le débat sur les *grammar schools* ne porte pas tant sur l'efficacité globale du système que sur les inégalités de destins qu'il engendre. Les *grammar schools* sont presque exclusivement fréquentées par des enfants d'origine aisée et, pour de nombreux observateurs, elles représentent par excellence une institution favorisant la reproduction des inégalités au fil des générations. Pour certains toutefois, le maintien d'écoles sélectives représente le seul véritable moyen de permettre aux plus talentueux des enfants d'origine modeste de s'arracher à leur destin. Lorsque J. Blanden et S. Machin ont publié récemment leurs résultats sur la stagnation des inégalités de revenus selon l'origine sociale en Angleterre, le débat a presque aussitôt rebondi sur l'opportunité qu'il y avait eu (trente ans plus tôt !) à abolir les *grammar schools* dans ce pays. Les élites anglaises ont, dans leur immense majorité, fréquenté les *grammar schools*, et il leur est difficile de ne pas éprouver de la nostalgie pour ces institutions qui les ont consacrées. Du fait de son caractère partiel et limité, l'expérience irlandaise permet d'éclairer ce débat lancinant et passionné d'une manière très originale. La diminution du système sélectif scolaire irlandais s'est-elle accompagnée d'un accroissement des inégalités de destin entre les enfants les plus pauvres et les autres ?

S'agissant de l'accès aux *grammar schools* à proprement parler, la réforme n'a pas spécialement bénéficié aux familles les plus pauvres de la province. Il est possible de le vérifier en comparant la situation des enfants dispensés de payer leurs repas à la cantine (*free school meals*) avant et après la mise en place des nouveaux quotas. En Irlande du Nord comme en Angleterre, la loi accorde ce type de dispenses aux familles dont le revenu se trouve *grosso modo* parmi le quart des revenus les plus faibles. Sur la période étudiée, la proportion de jeunes Irlandais mangeant gratuitement à la cantine est ainsi restée proche de 22 à 23 %. Le fait de manger gratuitement à la cantine fournit un indicateur sans doute imparfait[1], mais relativement objectif et stable dans le temps, de la pauvreté du milieu social dans lequel grandissent les élèves.

Ainsi identifiés, les enfants pauvres ne sont ni plus ni moins nombreux au sein des *grammar schools* avant et après la réforme, soit à peine 8,5 %. La réforme a entraîné une augmentation substantielle du nombre d'élèves pauvres dans les *grammar schools* (+ 20 % entre la cohorte 1978 et 1979), mais cette augmentation a été aussi forte pour les élèves non pauvres (+ 17 %), d'où au final une stabilité de la proportion d'élèves pauvres dans les institutions sélectives. De façon très intéressante, cette évolution parallèle du

1. On estime à 15 % la proportion d'élèves ayant le droit de manger gratuitement à la cantine, mais ne le faisant pas valoir, soit par manque d'information, soit pour éviter la stigmatisation parfois associée à ce droit (dans certaines écoles, les enfants bénéficiant de repas gratuits ne sont pas servis aux mêmes endroits que les autres).

nombre d'élèves pauvres et non pauvres au sein des collèges sélectifs a été suivie du même effet très positif sur les résultats aux examens à 16 ans (GCSEs) et 18 ans (*A-level*) pour les enfants issus d'une famille pauvre et pour les autres enfants. Par exemple, juste après la réforme, le nombre d'étudiants réussissant au moins un *A-level* augmente de 13 % pour les enfants issus d'une famille pauvre et de 11 % pour les autres. Le nombre de ceux qui réussissent leurs GCSEs augmente de 19 % pour les enfants pauvres et de 17 % pour les autres.

Ces résultats démontrent que la fréquentation des collèges sélectifs a le même effet extrêmement positif sur la scolarité des enfants issus de familles modestes que sur celles des autres enfants : chaque augmentation de 1 % de la fréquentation des institutions les plus sélectives entraîne un accroissement d'environ 0,6 % de la réussite aux examens, chez les enfants pauvres comme chez les non-pauvres.

Aussi trivial puisse-t-il paraître, ce résultat permet de mieux comprendre l'origine des profondes inégalités de destin scolaire entre les enfants pauvres et les autres. Une grande partie d'entre elles est tout simplement la conséquence d'un système rationnant sévèrement l'accès des enfants les plus démunis aux institutions orientées vers les formations les plus longues et les plus généralistes. De fait, sur la période considérée, la proportion d'enfants pauvres accédant à une *grammar school* est trois fois plus faible que celle des autres enfants (14 % contre 42 %). Or, si l'on se fonde sur notre évaluation de la réforme, cet écart de 1 à 3 permet d'expliquer à lui seul un écart considérable dans les résultats aux examens de fin de scolarité. Pour fixer les idées, si les enfants pauvres bénéficiaient du même accès aux collèges sélectifs que les autres (soit 42 % plutôt que 14 %), leur taux de succès serait de 46 % aux GCSEs et de 26 % aux *A-levels*[1]. L'accès inégal aux collèges orientés vers les études les plus longues et les plus générales explique environ la moitié ou les deux tiers des inégalités de destin scolaire entre enfants pauvres et non pauvres.

La réforme irlandaise de la fin des années 1980 permet de confirmer le diagnostic élaboré à partir de la réforme anglaise des années 1960 ou de la réforme suédoise des années 1950. Telle qu'elle est mise en œuvre, la sélection à l'entrée du secondaire opérée par l'examen du *Eleven Plus* semble bien source d'inégalité et d'inefficacité. Certains objecteront que ce qui est valide pour les sociétés scandinaves ou anglo-saxonnes ne l'est pas forcément pour les sociétés d'Europe continentale, là où précisément l'élitisme scolaire et les réticences envers le collège unique sont les plus forts. Comme nous allons maintenant essayer de le démontrer, l'examen détaillé de la longue et difficile réforme de l'enseignement secondaire français suggère qu'il n'en est rien.

1. En retenant l'élasticité de 0,6 précédemment estimée.

CHAPITRE IV

Collège unique et réduction des inégalités en France[1]

En France comme ailleurs, le principe du collège unique n'a jamais vraiment cessé d'être dénoncé par une partie de l'opinion. Aujourd'hui encore, il n'y a guère de problème social que les critiques du collège unique ne finissent par rapporter à sa funeste influence : sortie sans qualification du système scolaire, chômage des jeunes, incivilités, violences urbaines… Les plus radicaux n'hésitent pas à y voir à la fois le signe et la racine d'une générale « crise de civilisation ».

Les réticences sont partout les mêmes, mais leur écho est peut-être plus profond encore en France qu'en Suède ou en Angleterre. L'école unique heurte très frontalement le terreau idéologique particulier, autoritaire et hiérarchique, sur lequel sont bâties les sociétés d'Europe continentale, comme la France ou l'Allemagne. Le fait est que l'école unique a rencontré de telles résistances qu'elle n'a jamais vu le jour en Allemagne et qu'elle a mis plus de trente ans avant de

1. Ce chapitre s'appuie sur des travaux menés en collaboration avec Marc Gurgand. Voir notamment M. Gurgand et É. Maurin, « Démocratisation de l'enseignement secondaire et inégalités salariales en France », *Annales. Histoire, Sciences sociales*, numéro spécial, 4, 2006, p. 845-859, ainsi que M. Gurgand et É. Maurin, « A Large Scale Experiment : Wages and Educational Expansion in France », *Mimeo*, Paris School of Economics, 2007.

trouver un début d'achèvement en France. Jusqu'à la fin des années 1980, une fraction importante de chaque génération de Français continuait d'être orientée vers des classes à part ou des filières techniques dès la cinquième, avant même la fin du collège.

Depuis lors, le fragile équilibre du collège unique ne cesse d'être sourdement remis en question. Devant la persistance d'un noyau d'adolescents en échec scolaire, la solution en discussion n'est pas une réforme de l'organisation des enseignements, encore moins une réforme du recrutement ou de la formation des enseignants. Ce qui revient sans cesse au centre du débat, en France, c'est une orientation précoce des « adolescents à problèmes » vers des filières techniques ou vers la vie active, accompagnée d'un effort pour mettre à disposition des employeurs des contrats d'insertion spécifiques et à faible coût. Les émeutes des jeunes vivant dans les banlieues françaises en novembre 2005 ont été un bon révélateur de cette perception toujours renaissante. La seule réponse finalement apportée à cette explosion sociale fut dans un premier temps la création d'un contrat de travail spécifique pour les jeunes peu qualifiés [1], puis, devant l'opposition et le soulèvement de l'autre jeunesse (celle qui fréquente les universités), un retour pur et simple à des possibilités d'insertion précoce *via* l'apprentissage.

Inutile de préciser que ces revirements idéologiques et ces atermoiements politiques ne se sont appuyés sur aucun bilan précis de ce qu'ont été réellement les conséquences des différentes étapes du *passage* au collège unique en

1. Le désormais fameux Contrat première embauche (CPE) qui comportait notamment une période d'essai allongée et des conditions de licenciement facilitées.

France[1]. C'est peu dire que les politiques scolaires n'ont jamais été conçues dans ce pays en même temps que la possibilité de les évaluer, comme ce fut le cas dès les années 1950 en Suède et plus tard en Norvège ou en Finlande. On ne dispose pas non plus en France de suivi à long terme des élèves, comparables aux enquêtes BCS ou NCDS anglaises[2]. Ce contexte rend la réforme française particulièrement difficile à appréhender et ses effets difficiles à cerner. Du fait des résistances, le passage au collège unique s'est allongé indéfiniment dans le temps et n'a inscrit dans les tendances scolaires et sociales aucune inflexion claire et nettement repérable, comme la réforme du lycée de la fin des années 1980 par exemple. Comme le collège unique a par ailleurs été introduit simultanément sur l'ensemble du territoire, il est impossible de procéder comme en Suède ou en Finlande en comparant des personnes issues d'une même génération, les unes grandissant au sein du système en cours de réforme, les autres dans l'ancien système.

Dans une série de travaux menés avec Marc Gurgand, nous avons essayé de contourner ces difficultés en utilisant une spécificité des institutions françaises : le *numerus clausus* imposé à l'entrée des grandes écoles. Il s'agit d'institutions typiquement françaises, apparues dans le sillage de la Révolution et chargées de former l'élite du pays. Elles

1. Il existe en revanche de nombreux rapports proposant un état des lieux du collège et un panorama des difficultés rencontrées au quotidien par ses acteurs (notamment à partir d'enquêtes auprès des enseignants et des principaux). Parmi les plus récents, on peut mentionner le rapport Joutard (*Rapport sur l'évolution du collège*, La Documentation française, 2001) remis à Jack Lang, ou le rapport Dubet (*Le Collège de l'an 2000*, La Documentation française, 1999) remis à Ségolène Royal.

2. Des suivis à long terme d'élèves ont été mis en place, mais beaucoup plus récemment.

constituent un îlot à part, resté complètement à l'écart du mouvement de réforme des années 1960. C'est cet îlot qu'il est possible de prendre comme référence pour juger de l'évolution des destins scolaires et sociaux du reste de la population. Dans quelle mesure le surcroît de formation dont ont bénéficié les enfants d'origine modeste nés dans les décennies d'après-guerre a-t-il réellement contribué à l'amélioration de leur situation salariale par rapport aux enfants des classes privilégiées, dont la scolarité est restée sanctuarisée dans les mêmes institutions d'élite ? Dans quelle mesure la mise en place du collège unique s'est-elle accompagnée d'une réduction des inégalités de destin entre les enfants qui en ont directement bénéficié et les enfants qui auraient de toute façon accompli la même scolarité, avec ou sans réforme du secondaire ?

Avant d'essayer de répondre à ces questions, il est important de retracer aussi précisément que possible les différentes étapes de la réforme, longtemps inachevée, ne serait-ce que pour bien prendre la mesure de la lenteur et des ambiguïtés du processus.

Le douloureux avènement du collège unique

La réforme du collège unique s'est étalée sur une période bien plus longue en France qu'en Angleterre ou en Suède. Commencée à la fin des années 1950, elle n'a été achevée que près de trente ans plus tard, à la fin des années 1980. La difficulté à mener ce projet à son terme reflète une réticence culturelle profonde, moins forte peut-être qu'en Allemagne, mais beaucoup plus palpable qu'en Scandinavie ou même qu'au Royaume-Uni.

Dans l'après-guerre, les divers types d'établissement scolaire français ne formaient pas un tout cohérent, mais s'organisaient en plusieurs « ordres » distincts. Les lycées se trouvaient au sommet de la hiérarchie et définissaient l'ordre « secondaire ». Ils pouvaient accueillir les enfants dès 6 ou 7 ans dans des classes élémentaires intégrées (de la onzième à la septième). Ils avaient pour vocation d'amener leurs élèves jusqu'au baccalauréat et à l'enseignement supérieur. Les écoles « primaires » offraient également la possibilité de scolarités élémentaires, à l'issue desquelles les meilleurs poursuivaient quatre années de cours complémentaires en vue d'obtenir le brevet. La grande majorité des élèves achevait toutefois leur scolarité obligatoire non pas dans des cours complémentaires, mais dans des classes de fin d'études en vue d'obtenir le certificat de fin d'études. À l'issue de la scolarité élémentaire, la possibilité s'ouvrait également de recevoir une formation professionnelle de trois ans [1]. Pour prendre l'exemple de la génération née en 1958, on peut estimer qu'à l'issue de sa scolarité élémentaire, 15 % ont poursuivi une scolarité secondaire au lycée (soit à peu près la proportion d'enfants admis en *grammar school* en Angleterre à la même époque), 16 % ont intégré des cours complémentaires, le reste de la cohorte rejoignant une classe de fin d'études ou redoublant.

Sous l'influence des ingénieurs planificateurs [2] et de leurs descriptions des évolutions « souhaitables » concernant le

1. Au sein d'un Centre d'apprentissage (CA) ou d'une École nationale.
2. Voir notamment les travaux prospectifs de la commission de la main-d'œuvre du Commissariat général du Plan, en 1965.

niveau de formation de la population, plusieurs réformes sont entreprises à partir de la fin des années 1950. En 1959, la loi Berthoin porte de 14 à 16 ans l'âge minimum de fin de scolarité, institue la fermeture progressive des classes de fin d'études ainsi que celles des classes élémentaires intégrées aux établissements du secondaire. Il s'agit donc avant tout d'une unification des scolarités élémentaires, assortie d'un début d'harmonisation des scolarisations du premier cycle du secondaire. Ces dernières continuent toutefois à se dérouler dans des établissements distincts. Trois ans plus tard, la réforme Capelle-Fouchet institue des collèges d'enseignement secondaire (CES) dont la vocation est de remplacer les cours complémentaires (rebaptisés entre-temps CEG, collège d'enseignement général) et les cours de premier cycle du secondaire donnés dans les lycées. Ce nouveau mouvement vers l'unification du premier cycle du secondaire se fait au prix d'un maintien de filières très hiérarchisées et très étanches au sein des CES, chacune avec ses enseignements et sa pédagogie spécifiques : la filière I dont la vocation est de mener au lycée, la filière II dont l'objectif est de mener au collège technique et, enfin, la filière III dont la vocation est plutôt d'assurer une transition vers la vie active[1]. Les CES sont des établissements polyvalents au sein desquels coexistent des cursus entre lesquels il existe très peu de passerelles. Plus de dix ans plus tard, la réforme Haby de 1975 institue sur le papier la fin des filières I, II et III et couronne en théorie le parachèvement du collège unique. L'objectif affiché par le ministère est alors bel et

1. Les instructions du ministère décrivent ainsi la filière III comme réservée à des « adolescents qui, peu enclins à un enseignement conceptuel, tireront un meilleur profit d'une formation à caractère pratique ».

bien d'instituer un type d'établissement où la pédagogie s'adapte à la diversité des élèves. Dans les faits, l'usage massif du redoublement permet de continuer d'orienter une partie importante des élèves vers l'apprentissage et la vie active dès la cinquième ou la quatrième, avant même qu'ils n'aient achevé leur premier cycle de scolarité secondaire[1]. Dans les établissements, les filières disparaissent formellement, mais les classes de niveau se reconstituent. L'institution de classes spéciales pour les élèves en difficulté (les classes préprofessionnelles de niveau, CPPN) continue d'organiser au sein même du collège la transition précoce des élèves les plus faibles vers l'enseignement technique et la vie active.

En même temps qu'ils essaient d'unifier les premiers cycles du secondaire, les réformateurs français tentent d'adapter l'enseignement technique à la nouvelle donne. Il s'agit de concevoir les établissements d'enseignement technique, non plus comme un ordre à part, avec ses enseignements et ses modes d'admission spécifiques, mais comme une brique intégrée au reste du système éducatif[2].

Suite à la réforme Capelle-Fouchet de 1962-1963, l'un des objectifs centraux est de parvenir à substituer le principe de deux années d'enseignement technique à l'issue de quatre années de premier cycle secondaire, au principe ancien des trois années d'apprentissage à l'issue des deux années de classes de fin d'études. En pratique, le principe d'une orien-

1. Selon les enquêtes sur la Formation et la Qualification professionnelles, le taux de retard scolaire est de 60 % en cinquième pour la génération née en 1965 : dans le cas français, redoubler n'est pas l'exception, mais la norme, autre signe de la très forte réticence du collège français à s'adapter aux nouveaux publics.

2. L'idée de « système éducatif » ne fait d'ailleurs son apparition officielle qu'avec la réforme Haby en 1975.

tation précoce vers l'apprentissage (c'est-à-dire après seulement deux années d'enseignement secondaire général) va survivre aux réformes. Comme nous l'avons dit, la loi Haby de 1975 abolit, en théorie, l'orientation précoce, mais celle-ci persiste et se trouve même formellement réhabilitée en 1979. En ce sens, contrairement à une idée reçue, la réforme Haby n'inaugure pas le collège unique à proprement parler, mais seulement une forme très inachevée de collège unique. Ce n'est en réalité qu'au début des années 1980 que l'orientation précoce en fin de cinquième est progressivement abandonnée. L'immense majorité d'une classe d'âge est alors scolarisée jusqu'en troisième au sein d'établissements communs. Les établissements gardent toutefois, depuis lors, une grande autonomie pour la définition des options d'apprentissage des langues proposées aux élèves, et ce degré de liberté reste bien souvent mis à profit pour instituer des classes de niveau [1].

La forte diffusion des diplômes de l'enseignement technique

Le passage au collège unique français s'est péniblement déroulé en une longue série de réformes partielles, menées simultanément sur l'ensemble du territoire national pendant

1. Aujourd'hui même, les parents d'élèves un tant soit peu à l'écoute savent bien que le maquis des options proposées par les principaux des collèges (classes « européennes », option « anglais renforcé », classes à spécialités sportives ou culturelles, etc.) ne constitue, au fond, qu'un gigantesque code pour préserver quelques « bonnes classes » et s'affranchir autant que possible des contraintes de la carte scolaire pour la sélection des bons étudiants.

près de trente ans. Il n'est pas possible d'en isoler les conséquences en utilisant les mêmes méthodes que dans les cas suédois ou anglais. Pour autant, doit-on se résigner à un dialogue de sourds entre défenseurs d'un nouvel allongement de la scolarité obligatoire et partisans du démantèlement des réformes des années 1960 et 1970 ? Avant de répondre à ces questions, il est nécessaire d'examiner en détail la façon dont les réformes françaises ont réellement affecté le niveau de formation de la population.

Au risque de simplifier, je crois qu'il est nécessaire de distinguer deux grandes périodes. La première s'étend de 1959 (loi Berthoin) à 1975 (loi Haby) et correspond à l'harmonisation des premiers cycles du secondaire : à l'issue de cette période, les enfants fréquentent les mêmes établissements et suivent en théorie les mêmes enseignements, au moins jusqu'en cinquième (même si c'est à des rythmes et selon des modalités souvent très différents). La seconde phase se déroule plus tard, dans les années 1980, en même temps que la démocratisation du lycée et des premiers cycles universitaires : c'est la période durant laquelle recule la fréquence des redoublements dans le primaire et dans le secondaire, et où disparaît le principe de l'orientation précoce vers l'apprentissage dès la cinquième ou la quatrième.

Dans ce chapitre, nous allons essentiellement nous concentrer sur la première série de réformes, celles qui ont porté spécifiquement sur les premiers cycles du secondaire et qui ont donc concerné les générations nées dans les années 1950 et 1960. La seconde phase est indissociable de l'effort d'ouverture du lycée et de l'université à la fin des années 1980, et doit être évaluée simultanément. Nous reviendrons plus loin sur ces réformes tardives.

Au-delà de la valse des dénominations et des intitulés, les

TABLEAU I : Évolution de la structure des diplômes de la population masculine au fil des générations nées entre 1946 et 1965.

	Génération née en...		
	1946 (%)	*1956 (%)*	*1965 (%)*
Non-diplômés	43	36	29
CAP/BEP	30	35	38
Baccalauréat	10	11	11
BTS/DUT	5	6	9
Cycle 1 universitaire	1	2	2
Cycles 2/3 universitaires	7	7	6
Grandes écoles	4	4	5
Total	*100*	*100*	*100*

Source : Enquêtes Emplois, M. Gurgand et É. Maurin (2006).
Lecture : 43 % de la population masculine née en 1946 est sans diplôme.

réformes de la période 1959-1975 ont, en pratique, surtout permis l'organisation d'une transition plus soutenue pour les élèves des milieux populaires de l'enseignement primaire vers l'enseignement technique. Dans l'après-guerre, une majorité d'enfants quittaient l'école sans aucune qualification dès 13 ou 14 ans, particulièrement les enfants d'ouvrier et de paysan. Vingt ans plus tard, ce n'est plus le cas. Lorsqu'on se concentre sur les hommes nés entre 1946 et 1964, on constate ainsi qu'en deux décennies à peine la proportion de « sans diplôme » passe de 43 % pour les générations nées immédiatement après la guerre, à moins de 30 % pour les générations nées au milieu des années 1960 (tableau 1). Le nombre de personnes sans diplôme par génération diminue ainsi d'environ un tiers en vingt ans. Sur la même période, la proportion de personnes qui disposent d'une qualification technique (CAP ou BEP) augmente de 8 points. La proportion de celles qui disposent d'un diplôme universitaire technique (niveau bac + 2) s'accroît également (+ 4 points), conséquence de la mise en place des nouvelles filières technologiques au lycée et à l'université, dans le sillage de mai 1968 notamment. En d'autres termes, les réformes menées dans les années 1960 et 1970 ont, pour l'essentiel, contribué à augmenter la part de la population disposant de formations techniques au détriment de la population totalement dépourvue de qualification.

Point important pour notre propos, cette vague de réformes ne s'est par ailleurs accompagnée d'aucune ouverture de l'enseignement supérieur en général, ni des grandes écoles en particulier. Créées pour donner au pays ses élites administratives et intellectuelles, les grandes écoles recrutent sur concours les meilleurs élèves des meilleurs lycées, à l'issue d'une intense préparation dans le système des classes préparatoires (deux ou trois années d'études après le baccalauréat). Un nombre fixe de places est offert chaque année. Ce *numerus clausus* n'a guère évolué tout au long des réformes Berthoin, Capelle-Fouchet ou Haby. Le système de sélection est resté inchangé et les enquêtes Emploi confirment que la proportion d'élèves admis dans ces institutions d'élite est également demeurée tout à fait stable au fil des générations concernées, quelle que soit la définition plus ou moins restrictive que l'on adopte pour repérer les élèves ayant fréquenté les grandes écoles, ou plus généralement les cycles

les plus élevés de l'enseignement supérieur. Si l'on continue de se concentrer sur les générations nées entre 1946 et 1964, la proportion d'hommes titulaires d'un diplôme du supérieur long (deuxième ou troisième cycle universitaire ou grandes écoles) est par exemple restée quasi constante au sein des classes d'âge successives (environ 11 % de la population masculine). En fait, la proportion de diplômés d'une grande école est elle-même restée stable (4 % à 5 %, en adoptant une définition large, un peu moins de 1 % en adoptant une définition restrictive). La première grande phase d'unification du collège s'est ainsi accompagnée d'une diffusion très rapide des formations professionnelles et techniques, mais a maintenu la sélection stricte pour l'accès aux filières généralistes de l'enseignement supérieur long, notamment les grandes écoles.

En d'autres termes, la période qui s'étend de 1959 à 1975 peut se comprendre comme une séquence pendant laquelle le destin des 10 % d'élèves ayant les meilleures aptitudes scolaires au sein d'une génération était préservé à l'identique, tandis que les autres élèves se voyaient offrir un surcroît de formation initiale, essentiellement dans les filières techniques. Le contexte français ne permet pas de comparer l'évolution de régions ayant bénéficié de la réforme de manière anticipée avec l'évolution des autres régions. Il rend néanmoins possible la comparaison de segments de la population dont les uns sont très directement affectés par la succession des réformes, tandis que les autres sont complètement épargnés. Le chemin des premiers est en effet détourné des rails d'une stricte reproduction sociale, alors que les seconds poursuivent leur route de manière linéaire, comme si l'histoire ne devait jamais les atteindre. Dans un tel contexte, la question est de savoir si le supplément de formation accordé à certains élèves (essentiellement les plus modestes) a bien permis une amélioration de leur situation salariale par rapport à ceux pour lesquels le nouvel effort de diffusion des formations n'a rien changé (les plus aisés). Autrement dit, il s'agit de savoir si leurs chemins se sont ou non rapprochés. Les générations de personnes à qui les grandes écoles et les formations supérieures longues sont restées fermées ont pleinement bénéficié de l'accroissement de l'offre de formation (essentiellement spécialisée et technique) dans les années 1960. Les bénéficiaires de l'expansion scolaire ont-ils vu pour autant leur situation s'améliorer dans la société ?

Collège unique et réduction des inégalités

Pour éclairer ces questions, nous avons retracé l'évolution des écarts de salaires entre les hommes[1] diplômés des grandes écoles et ceux qui ne le sont pas, pour les générations nées entre 1946 et 1964. Les salaires analysés sont issus des enquêtes sur l'Emploi conduites entre 1990 et 2002 par l'Insee, alors que les personnes nées entre 1946 et 1964 étaient en milieu de carrière[2]. La superposition des enquêtes

1. L'évolution de la distribution des salaires féminins dans l'après-guerre reflète non seulement celle de leur niveau de formation, mais également celle de leur participation (de plus en plus forte) au marché du travail. Pour éviter tout problème d'interprétation et isoler les effets de la seule démocratisation scolaire, nous nous sommes concentrés sur les salaires des hommes.

2. Les enquêtes Emplois conduites entre 1990 et 2002 permettent de suivre les générations nées entre 1946 et 1964 entre 26 et 58 ans. On peut ainsi estimer les différences moyennes de salaires entre diplômés et non-diplômés

permet de comparer les salaires reçus par les générations successives à des âges similaires.

Sans surprise, les données disponibles confirment que les diplômés de l'enseignement supérieur long et des grandes écoles gagnent en moyenne beaucoup plus que les autres. Si l'on se concentre sur les diplômés des grandes écoles, leur salaire est ainsi en moyenne deux fois plus élevé que celui des autres.

Ces mêmes données révèlent cependant que *l'écart s'est érodé très sensiblement au fil des générations*. Si l'on considère les diplômés des grandes écoles, la baisse de leur salaire relatif entre les cohortes 1946 et 1964 est d'environ 0,36 % par an, soit un déclin de 6,5 % en dix-huit ans. Si l'on prend comme référence l'ensemble des diplômés des grandes écoles et des deuxième et troisième cycles universitaires, la baisse de leur salaire relativement au reste de la population masculine est même un peu plus rapide : 0,4 % par an, soit environ 7,2 % sur dix-huit ans. En d'autres termes, le supplément de formation technique, dont ont bénéficié les 90 % de la population qui n'ont connu ni les grandes écoles ni les derniers cycles universitaires, s'est traduit par un rattrapage salarial d'environ +7 % en moyenne en dix-huit ans. Si l'on se souvient que le surcroît en question correspond à une élévation de 14 points de la proportion de diplômés de l'enseignement technique, on peut estimer à + 50 % l'impact de l'obtention d'une qualification technique sur les salaires individuels. Si l'on admet, en outre, que l'obtention d'un diplôme réclame entre trois et cinq ans d'études supplémentaires, on peut évaluer de 10 % à 16 %

des grandes écoles (moyenne prise sur l'ensemble de la carrière) au fil des cohortes.

l'impact moyen de chaque année d'étude certifiée supplémentaire sur le salaire. En d'autres termes, en renonçant à une année de salaire pour poursuivre ses études, on augmente de 10 à 16 % son salaire annuel futur, tout au long de sa vie active. La valeur actualisée sur toute une vie d'un tel surplus annuel de revenus couvre évidemment très largement le coût privé ou social d'une année de formation. Cette analyse révèle ainsi que l'unification des premiers cycles du secondaire a produit des effets importants sur le salaire des bénéficiaires, des effets qui se situent dans la fourchette haute de ce qui a pu être établi dans d'autres pays. De ce point de vue, l'énigme n'est pas de savoir si, oui ou non, la démocratisation a « payé », mais plutôt de comprendre comment elle a pu produire de tels rendements.

Avant de poursuivre, soulignons qu'il est possible de procéder à une analyse similaire pour les générations suivantes, nées entre 1965 et 1973. Comme nous le verrons dans le chapitre suivant, elle conduit à une évaluation tout aussi positive de l'étape suivante vers l'unification du collège et de l'expansion du lycée qui l'a accompagnée.

L'effet des revalorisations du salaire minimum

Du fait du grand étalement de la réforme dans le temps, l'évaluation du passage au collège unique repose nécessairement sur une analyse à long terme des inégalités de salaires. On se heurte donc au risque de mélanger les effets de la réforme avec ceux d'autres évolutions institutionnelles, qui lui ont été contemporaines. Dans notre cas, on peut surtout se demander si l'amélioration de la situation des personnes les moins diplômées au fil des générations 1946-1964 n'est pas la conséquence de la politique de revalorisation du salaire minimum (SMIC) menée dans les années 1970, tout autant que celle de l'unification du collège. Bref, on prête peut-être trop à la démocratisation scolaire et pas assez aux luttes sociales et politiques pour l'augmentation de la rémunération des salariés les plus modestes.

Pour trancher ce problème, rappelons tout d'abord que les générations sur lesquelles se concentre notre analyse sont observées en milieu de carrière au fil des années 1990-2002 (dates des enquêtes disponibles), période au cours de laquelle le SMIC réel a stagné et où il n'a pas eu de rôle de compression de la hiérarchie salariale. La réduction des inégalités de salaires (entre diplômés des grandes écoles et autres diplômés) observée pour ces générations à ce moment de leur carrière ne peut donc pas s'interpréter comme un effet direct ou indirect de la politique salariale menée à la même époque. Une hypothèse différente serait que la réduction des inégalités entre diplômés et non-diplômés des grandes écoles, au fil des générations, observée en milieu de carrière dans les années 1990 est la conséquence *retardée* des politiques de salaire minimum menées plus tôt, en l'occurrence dans les années 1970. En d'autres termes, la réduction des inégalités de salaires constatée dans les années 1990 au fil des générations 1946-1964 serait le reflet de la réduction des inégalités de *salaires d'entrée sur le marché du travail* liée à l'évolution du SMIC dans les années 1970 et 1980.

Il y a plusieurs façons de tester cette hypothèse. La plus simple est de réitérer l'analyse sur les seules générations 1946-1954. Elles ont atteint l'âge minimum de fin de scolarité *avant* la fin des années 1960 et le début de la hausse rapide du SMIC. En outre, elles sont observées après l'âge de 36 ans, et leurs salaires sont donc beaucoup moins susceptibles de garder la marque de la valeur qu'avait le SMIC lors de leur arrivée sur le marché du travail. De façon réconfortante, on identifie pour ces générations une réduction des inégalités entre diplômés et non-diplômés des grandes écoles d'une ampleur tout aussi importante que celle observée précédemment pour l'ensemble des générations 1946-1964. La dynamique de réduction des inégalités entre bénéficiaires et non-bénéficiaires de la première étape vers le collège unique ne porte pas les traces des inflexions passées de la politique du salaire minimum. Il y a donc bien là un effet propre de la démocratisation scolaire.

Redoublements : le prix d'une contradiction

L'élévation du niveau de formation des générations nées entre 1946 et 1964 s'est réalisée au prix d'un allongement important du temps passé à l'école. D'une part, l'obtention d'un diplôme plus élevé réclame mécaniquement un nombre minimum d'années de formation supplémentaires. D'autre part, au fur et à mesure que les scolarités du secondaire se sont allongées, les redoublements se sont multipliés. Cette multiplication des redoublements n'était pas une fatalité, la plupart des autres pays se sont réformés sans y recourir. Il s'agit d'une spécificité française, un autre signe des résistances très particulières rencontrées par le législateur pour réformer les premiers cycles de l'enseignement secondaire. Le redoublement permit de rétablir des classements et de la sélection de la pire des manières dans un jeu institutionnel qui cherchait à les marginaliser ou, en tout cas, à en retarder les effets.

L'enquête Emploi nous permet d'apprendre qu'entre les générations nées en 1946 et 1964, l'âge de fin de scolarité augmente en moyenne de 1,6 par an. Il s'agit d'un ordre de grandeur sans doute assez grossier de l'évolution des durées de scolarisation à proprement parler, l'âge de fin de scolarité étant un indicateur très indirect du temps réellement passé à l'école. L'enquête Emploi fournit également une information sur le *niveau* atteint par les personnes interrogées, qu'elles aient ou non obtenu leur diplôme : selon cette convention, une personne ayant atteint la dernière année de son BEP a un « niveau BEP », qu'elle ait réussi son examen ou non. L'enquête permet de distinguer huit niveaux et d'attacher à chacun d'eux un nombre théorique d'années d'étude et de reconstituer un nombre théorique d'années d'étude pour chaque diplôme susceptible d'être obtenu. L'analyse comparée de l'évolution de ces différents indicateurs révèle que, sur le long terme, entre les générations 1946 et 1974, le nombre d'années d'étude correspondant, en théorie, au niveau atteint par les élèves (ou aux diplômes obtenus), a augmenté de deux ans environ, alors que l'âge de fin d'études déclaré s'élevait, quant à lui, de plus de trois ans. Une partie considérable de l'effort de formation s'est ainsi perdue en cours de route, en années redoublées ou abandonnées. Autrement dit, les résistances au changement en ont accru de 50 % les coûts. Ceux qui déplorent que l'allongement des études ait retardé l'accès des jeunes à l'autonomie devraient être sensibles à cet argument. Car la pratique à grande échelle du redoublement a non seulement contribué à multiplier les « retards », mais aussi des retards inutiles et improductifs.

Le nœud central de cette affaire est que la première étape vers le collège unique ne semble en fait s'être accompagnée d'aucun effort particulier pour adapter les enseignements aux nouveaux publics. Comme le concédait l'ancien président de la République, Valéry Giscard d'Estaing (1974-1981), on a fait le collège unique en France en conservant pour l'essentiel les programmes du système sélectif qui avait précédé. C'est ce qui explique la croissance des redoublements pour ces générations et, au bout du compte, que les seules formations à s'être réellement diffusées dans la population soient les formations professionnelles et techniques courtes. À tout prendre, il aurait peut-être été moins coûteux pour tout le monde d'assumer l'impossibilité idéologique d'adapter le collège aux élèves faibles et moyens du primaire, et de développer les filières techniques sans imposer à leurs nouveaux bénéficiaires l'expérience d'un redoublement et d'un échec dans l'enseignement général.

Derrière ce formidable gâchis, réside une contradiction profonde, et très spécifique à la France, entre le mode de formation et de recrutement de ses enseignants du secondaire et le souci d'accueillir à l'adolescence tous les élèves, y compris les moyens et les faibles, au sein des mêmes classes.

Le malaise enseignant

De fait, aux récriminations habituelles des milieux conservateurs s'ajoute en France un malaise profond des enseignants face à la réalité quotidienne du collège unique, le problème de la gestion des classes et de la transmission du savoir. Selon une enquête commandée par l'un des principaux syndicats d'enseignants français (la FSU) au début des années 2000, les trois quarts des enseignants de moins de 35 ans estiment que demander au collège d'accueillir tous les élèves est un objectif irréaliste. Les nouvelles générations d'enseignants constituent aujourd'hui en France l'un des groupes sociaux les plus sceptiques à l'égard des politiques de démocratisation [1]. Ce résultat a été interprété comme celui d'un long processus de désillusion du corps enseignant français vis-à-vis du collège unique. Cette défiance s'exprime en fait à un moment où ce dernier vient à peine de devenir (et n'est d'ailleurs déjà plus [2]) une réalité. C'est précisément quand il achève de devenir un tant soit peu « unique » qu'il devient définitivement insupportable. Il s'agit d'un désarroi face à la réalité quotidienne plus que d'une désillusion devant ses conséquences à long terme, lesquelles n'ont de toute façon jamais été évaluées sérieusement.

Pour comprendre cette détresse, il faut rappeler que la France est le seul pays d'Europe (avec le Luxembourg) à recruter ses enseignants du secondaire sur concours avant même qu'ils n'aient reçu de véritable formation pédagogique [3]. On touche sans doute ici du doigt la singulière

1. Selon la même enquête, si une majorité d'enseignants se déclarent pour l'abandon du collège unique, une majorité plus nette encore de parents se déclarent favorables à son maintien.

2. En février 2006, suite à la révolte des banlieues de novembre 2005, l'âge minimum d'entrée en apprentissage a été abaissé à 14 ans.

3. Voir le volumineux rapport de la Commission européenne, *La Profession enseignante en Europe : profil, métier et enjeux*, Bruxelles, Eurydice, 2002 (et notamment le volume 3 : *Formation initiale et transition vers la vie professionnelle. Secondaire inférieur général. Questions clés de l'éducation en Europe*).

complexité de l'équation française. Le problème n'est pas seulement la difficulté à gérer au quotidien des classes hétérogènes, mais aussi que rien dans le passé des enseignants français ne les prépare à ce défi pédagogique. En tout cas, ils n'ont pas été recrutés pour leurs qualités en la matière.

En grossissant le trait, on pourrait dire que devenir enseignant reste en France une forme d'élection, au terme de laquelle les élus sont nommés à vie, une fois pour toutes, en fonction des savoirs et savoir-faire qu'ils ont su manifester dans leur discipline de prédilection à la fin de leur propre formation initiale. Rien de tel en Scandinavie, au Royaume-Uni et plus généralement dans le nord de l'Europe : le recrutement des enseignants y est ouvert, placé chaque année sous la responsabilité des autorités éducatives locales en fonction des besoins de chaque école particulière. Le métier d'enseignant n'est pas très loin d'y être un métier comme un autre, pour l'exercice duquel l'expérience professionnelle spécifique prime sur la formation initiale générale. Rien de tel non plus au sud de l'Europe : les enseignants y sont recrutés sur concours, mais le concours n'intervient qu'après que les postulants ont reçu une formation pédagogique. La France semble bien être le seul grand pays du monde développé où les enseignants qui entrent dans la carrière sont avant tout et principalement de bons élèves dans leur discipline. Ce modèle était sans doute adapté au système très sélectif de l'immédiat après-guerre ; il ne l'est évidemment pas au collège unique. Pire : il crée un véritable déphasage entre la formation et la pratique et arme d'inévitables sentiments de déception, voire de déclassement chez les intéressés [1].

1. En 2003, dans un discours consacré à la formation des enseignants, Luc Ferry, alors ministre de l'Éducation nationale, soulignait la nécessité de

Dans ces conditions, comment s'étonner de trouver les enseignants français aussi réceptifs à l'idée selon laquelle tout le monde ne peut pas assimiler le même enseignement secondaire ? Comment demander aux « meilleurs élèves » d'une génération de transmettre ce qu'ils savent et, en un sens, ce qu'ils sont, à l'ensemble de la génération suivante, mauvais et moyens compris ? Il n'y aura jamais, par définition, que quelques « meilleurs élèves » seulement... au sein de chaque génération.

Les autorités politiques françaises peinent à surmonter ces contradictions, alors même que, face aux évolutions du marché du travail, l'expansion scolaire semble bel et bien avoir été un succès et devoir être poursuivie sans complexe. La phase d'unification des premiers cycles du secondaire a coïncidé avec une amélioration sur le long terme des destins sociaux (ici mesurés à travers les salaires) des catégories qui en ont bénéficié le plus directement, c'est-à-dire tous ceux qui, sans ce volontarisme, se trouveraient probablement aujourd'hui sur le marché du travail sans qualification secondaire. Le surcroît de formation dont ont bénéficié les enfants de milieu modeste au fil des générations d'après-guerre s'est traduit par une amélioration très sensible de leur situation salariale à l'âge adulte.

Depuis bientôt dix ans, la France hésite à franchir une nouvelle étape dans ce processus de démocratisation. Elle s'interroge sur l'opportunité d'ouvrir plus largement les

---

« revoir l'organisation des concours de recrutement des professeurs du second degré et de s'assurer que les futurs enseignants reçoivent la formation adaptée à leur futur métier et ne se font pas de celui-ci une représentation inexacte, source de déceptions et de frustrations ».

portes de son enseignement supérieur long et de ses grandes écoles. Beaucoup sont même tentés de revenir sur les acquis des précédentes étapes, notamment le collège unique. L'ambition d'amener l'ensemble d'une génération au niveau du baccalauréat est dénoncée de toutes parts.

Ces hésitations françaises tranchent avec le dynamisme éducatif observé ailleurs dans une grande partie du monde développé. Elles naissent du retentissement particulier qu'ont, dans ce pays, les difficultés rencontrées pour adapter les enseignements et accueillir en masse, au collège puis au lycée, les enfants des catégories les plus modestes de la société. Une politique éducative ne peut pourtant pas simplement se juger à l'aune des difficultés concrètes, immédiates, liées à sa mise en œuvre. Il importe également d'apprécier les évolutions à long terme qui, sans elle, n'auraient pas pu se produire, les inégalités et les déchirements qu'elle a permis d'éviter.

Les États-Unis ou le Canada n'ont jamais eu de système de sélection des élèves les plus faibles vers des filières de relégation, et les politiques du collège unique n'y ont par conséquent pas d'équivalent immédiat. Ces pays ont toutefois mené de vigoureuses politiques d'allongement de la durée obligatoire de scolarisation[1], même si c'est à des rythmes très différents d'un État à l'autre ou, pour le Canada, d'une province à l'autre. L'examen détaillé de ces politiques aurait dépassé le cadre de ce livre. Grâce aux travaux récents de Philip Oreopoulos, sur lesquels nous reviendrons plus loin, on sait toutefois aujourd'hui qu'elles ont eu, elles aussi, des conséquences à long terme très positives sur le salaire, mais aussi sur la

1. Près de 15 % des États américains ont aujourd'hui un âge de fin de scolarité obligatoire de 18 ans.

santé des intéressés, et que ces effets se sont même en partie transmis aux enfants des générations bénéficiaires.

Au total, le bilan des politiques scolaires menées en France dans l'après-guerre rejoint celui déjà disponible dans d'autres pays développés, la Suède, la Norvège, la Finlande, le Royaume-Uni, mais également le Canada ou les États-Unis. Il incite à retrouver avec eux une vision un peu plus optimiste et volontariste de l'avenir de l'école.

DEUXIÈME PARTIE

La démocratisation aux portes de l'emploi

L'histoire des politiques de démocratisation scolaire ne s'est pas arrêtée à l'unification du collège et au démantèlement de la sélection précoce des enfants. Dans plusieurs pays, elle s'est poursuivie au-delà et continue aujourd'hui sa route pour ouvrir au plus grand nombre les portes du lycée et de l'enseignement supérieur.

Les générations bénéficiaires de ces réformes achèvent à peine de s'insérer sur le marché du travail, et on commence seulement à disposer du recul suffisant pour juger de leurs effets sur l'emploi et le chômage. Du coup, les bilans de ces réformes n'ont pas encore la richesse et la densité de ceux aujourd'hui disponibles pour l'évaluation du passage à l'« école unique ». Dans cette deuxième partie, je me concentrerai sur l'expérience française, en présentant une analyse encore inédite (menée avec Dominique Goux) sur l'ouverture du lycée et des premiers cycles universitaires, réalisée à la fin des années 1980.

Le cas français présente l'intérêt, nous l'avons vu, de réunir toutes les résistances et tous les scepticismes sur les bénéfices d'un tel effort d'expansion et d'ouverture des politiques éducatives. Résistances et scepticismes d'autant plus forts qu'avec cette nouvelle séquence nous abordons aux rives de l'insertion professionnelle et de l'emploi, et que ces questions sont, dans ce pays, particulièrement sensibles.

Autant la première partie de ce livre nous a conduits à réfuter des objections élitistes, autant ce second volet nous confrontera aux objections malthusiennes. Outre les accusations et réticences déjà rencontrées, c'est en effet un double procès qui est intenté à ce deuxième âge de la démocratisation scolaire : d'une part, et contrairement aux attentes, elle n'aurait pas permis d'endiguer le chômage des jeunes en augmentant leur niveau de qualification, d'autre part, elle aurait contribué à dévaloriser les diplômes, alimentant une spirale inflationniste coûteuse et décourageante pour les intéressés. Sur le premier point, je poursuivrai les analyses entamées à la fin du chapitre précédent pour montrer qu'il n'en est rien, que la démocratisation de l'accès au lycée et l'ouverture de l'enseignement supérieur ont été de puissants facteurs d'insertion professionnelle. Les principales difficultés sur ce chemin ne sont pas venues de l'éducation, mais du marché du travail et de la conjoncture économique. Sur le second point, je montrerai que la dévalorisation des diplômes est, pour l'essentiel, un mythe. Un mythe séduisant, mais un mythe. En effet, cette opinion repose sur un usage trompeur des catégories statistiques et sur des évaluations qui conduisent à comparer des situations et des groupes de salariés en réalité incomparables. La multiplication des diplômes du supérieur ne s'accompagne pas de leur dévalorisation, mais au contraire d'un renforcement des avantages dont bénéficient leurs titulaires, en France pas moins qu'ailleurs dans le monde.

Ces bénéfices ne sont pas simplement ceux que procure au sein de chaque génération le privilège d'être distingué comme l'un des plus talentueux à l'école. Il s'agit de bénéfices repérables à l'échelle de générations entières. Il est par conséquent difficile de penser qu'ils puissent traduire autre chose qu'une hausse réelle du niveau moyen des jeunes salariés à l'entrée sur le marché du travail. Contrairement à une idée aujourd'hui en vogue, les formations et diplômes actuellement dispensés ont une valeur qui dépasse de loin la simple « distinction » ou le « signal » auxquels on cherche souvent à les réduire.

CHAPITRE V

L'expansion scolaire contre le chômage[1]

La persistance d'un chômage très élevé parmi les jeunes actifs de moins de 25 ans est perçue comme l'un des échecs les plus graves de la société française contemporaine. L'impuissance à régler ce problème alimente une défiance lancinante vis-à-vis des politiques publiques, et plus particulièrement vis-à-vis des politiques éducatives.

Entre le début des années 1980 et la fin des années 1990, les effectifs de l'enseignement supérieur ont pratiquement doublé en France (de 1,2 million d'étudiants à plus de 2,1 millions), mais le taux de chômage des jeunes actifs de 16 à 25 ans est resté quasi inchangé, fluctuant entre 20 % et 25 % selon la conjoncture macroéconomique. La démocratisation du lycée et des premiers cycles universitaires, organisée dans la seconde moitié des années 1980, semble n'avoir eu aucun effet sur les difficultés d'insertion des jeunes.

1. Ce chapitre (ainsi que le suivant) s'appuie sur une recherche menée en collaboration avec D. Goux, « Expansion de l'enseignement supérieur et chômage des jeunes : une évaluation de la réforme française, 1985-1995 », document de travail, PSE, 2007. Il prend place au sein d'une réflexion plus générale sur la situation professionnelle des jeunes initiée dans le cadre du CEPREMAP au cours de l'année 2006 avec Mathilde Gaini, Marc Gurgand et Cyril Nouveau.

Dans ce contexte, la conviction a fini par s'installer qu'il n'y a aucun lien entre les efforts du pays pour améliorer la formation des jeunes, d'une part, et le chômage, de l'autre. Beaucoup tiennent désormais pour acquis qu'il n'existe qu'un nombre fixe d'emplois à se partager, le niveau de formation des postulants n'ayant aucun effet sur lui. L'idée s'est imposée que les diplômes sont de simples marqueurs sociaux, tout à fait payants au niveau individuel (chacun a intérêt à finir le plus haut possible dans la hiérarchie scolaire), mais n'exprimant pas de compétences réelles, et inefficaces au niveau de la société dans son ensemble. Chaque jeune pris isolément a intérêt à poursuivre ses études le plus loin possible, mais collectivement nous n'y gagnons rien, sinon un accroissement du poids global de l'Éducation nationale dans le budget de l'État et des collectivités.

Cette vision est, je crois, totalement erronée. Elle s'appuie sur des indicateurs et des constats statistiques trompeurs. Le taux de chômage des actifs de 16 à 25 ans est, par exemple, un indicateur tout à fait inadapté pour juger des réformes scolaires menées dans un pays comme la France. De même, l'évolution du taux de chômage des diplômés ou celle de leur taux d'accès aux postes d'encadrement sont des mesures universellement utilisées et pourtant totalement inadéquates pour mesurer l'incidence des réformes scolaires. Isoler un groupe d'âge ou un groupe de diplômés, puis comparer la situation professionnelle de ce groupe au sein des générations successives n'est pas un procédé pertinent, parce que les politiques éducatives ont précisément pour effet de modifier la composition sociale de ces groupes d'actifs. La sociologie des bacheliers d'aujourd'hui n'a rien à voir avec celle des bacheliers d'il y a vingt ans. C'est pourquoi la comparaison du destin social de ceux d'aujourd'hui et de ceux d'hier ne nous apprend rien sur les effets des politiques scolaires menées depuis vingt ans.

Avant de revenir sur ces éléments de méthode, je vais analyser dans ce chapitre la dernière grande phase de démocratisation de l'enseignement en France et essayer d'en isoler les effets réels sur l'emploi et le chômage. La réforme de la fin des années 1980 a entraîné en quelques années un véritable bond en avant du niveau de formation des jeunes actifs, et l'on peut se demander si ce changement de régime s'est traduit par une inflexion similaire de la qualité de l'insertion professionnelle au fil des générations.

Pour anticiper les résultats développés dans ce chapitre, la réponse est clairement affirmative. Il existe une coïncidence très étroite entre les inflexions de la politique éducative, d'une part, et l'évolution de la situation professionnelle des générations successives à l'entrée sur le marché du travail, d'autre part. La mise en œuvre de la réforme éducative s'est ainsi accompagnée d'une amélioration très nette des situations professionnelles des différentes cohortes qui se sont succédé. Symétriquement, la suspension de l'effort de démocratisation scolaire dans les années 1990 a coupé court à cette amélioration des situations professionnelles des générations successives à l'entrée sur le marché du travail.

À ma connaissance, ce travail d'analyse générationnel n'avait jamais été conduit, en tout cas jamais dans ces termes, c'est-à-dire avec la visée explicite d'isoler les inflexions de la politique éducative de la fin des années 1980 et ses conséquences sur le marché du travail. Pour être menée à bien, cette exploration demande, il est vrai, d'utiliser conjointement l'ensemble des vingt-cinq enquêtes sur l'Emploi conduites par l'Insee entre 1982 et 2006. C'est la condition nécessaire pour être en mesure d'analyser selon un protocole stable le niveau de formation et la qualité de l'insertion professionnelle des générations nées entre le début des années 1960 (c'est-à-dire trop tôt pour avoir bénéficié de la réforme) et la fin des années 1970 (assez tard pour en avoir bénéficié).

Réforme et expansion scolaires de la deuxième moitié des années 1980

En 1985, Jean-Pierre Chevènement, alors ministre de l'Éducation nationale, lance le mot d'ordre de « 80 % d'une génération au niveau du baccalauréat ». Il s'ensuit une décennie de développement historiquement sans précédent du lycée et des premiers cycles universitaires. Jean-Pierre Chevènement a été beaucoup critiqué pour le simplisme de son slogan. Avec le recul, il s'est lui-même senti obligé de faire amende honorable, déclarant après coup à propos de l'explosion du nombre de bacheliers : « Ce n'était nullement mon intention, car j'étais très soucieux de maintenir la qualité du baccalauréat[1]. » Il faut toutefois se souvenir que son objectif fut repris en des termes quasi identiques par René Monory, son successeur, puis finalement inscrit tel quel dans la loi d'orientation scolaire de 1989 par Lionel Jospin (article 3). Face au chômage de masse, le développement de l'éducation a d'abord été perçu comme une planche de salut, à gauche comme à droite.

Au-delà de la volonté politique, l'extraordinaire expansion scolaire de la fin des années 1980 s'est appuyée sur une

1. Voir Jean-Pierre Chevènement, *Défis républicains*, Paris, Fayard, 2004.

palette d'instruments très concrets, au premier rang desquels la quasi-suppression de l'orientation précoce vers l'apprentissage en fin de cinquième. Le nombre d'élèves encore scolarisés en troisième a ainsi brutalement explosé à la fin des années 1980. À l'issue de cette période, la quasi-totalité des élèves d'une génération (95 %) atteint au moins la troisième, contre moins de 70 % au début de la décennie. En parallèle, un effort particulier est réalisé pour diminuer la fréquence des redoublements et permettre à un plus grand nombre d'élèves d'atteindre la fin du collège à l'âge normal. En ce sens, la fin des années 1980 marque d'abord une forme d'achèvement du collège unique, initié vingt ans plus tôt avec la loi Berthoin ou les réformes Capelle-Fouchet.

Au lycée, l'innovation la plus marquante est sans doute la création du baccalauréat professionnel en 1987. Il permet aux titulaires d'un diplôme professionnel court (CAP ou BEP) de compléter leurs études secondaires, voire de postuler pour des formations universitaires techniques courtes. Entre 1987 et 1995, les effectifs de bacheliers bondissent de 300 000 à près de 500 000, et environ 40 % de cet accroissement s'explique par la montée en puissance du baccalauréat professionnel.

Cette ouverture du secondaire a créé un afflux brutal de jeunes bacheliers aux portes des universités. Pour y faire face, un effort particulier a été réalisé pour accroître les capacités d'accueil dans les premiers cycles universitaires, particulièrement dans les filières courtes, notamment celles à vocation professionnelle. Les places offertes dans les sections de techniciens supérieurs des lycées (STS) ont triplé entre le début des années 1980 et le début des années 1990, absorbant près de 200 000 nouveaux bacheliers en moins d'une décennie (près de 100 000 pour la seule période 1987-1992).

Contrairement à une idée reçue, cette politique de démocratisation ne s'est pas faite à moyen constant. Il ne s'est pas simplement agi de distribuer davantage de parchemins à ceux qui pouvaient patienter suffisamment longtemps dans le système éducatif. Cette politique s'est même appuyée sur un accroissement considérable des ressources allouées à l'enseignement secondaire. La dépense pour le secondaire a crû à un rythme de 5 % par an entre 1987 et 1993, soit quatre à cinq fois plus vite que dans les périodes immédiatement antérieures et postérieures. Au cours de cette même séquence, la dépense moyenne par élève est passée de 4500 euros environ à plus de 6900 euros par an.

Rupture éducative

D'une amplitude sans précédent, les réformes éducatives menées dans la seconde moitié des années 1980 ont profondément modifié le destin scolaire des générations nées entre le début des années 1960 et la fin des années 1970. L'enquête Emploi permet de construire plusieurs mesures indépendantes du niveau de formation des générations successives [1].

1. L'empilement des enquêtes Emploi successives permet de reconstituer pour chaque cohorte la proportion de personnes encore à l'école à chaque âge, à partir des questions sur la situation actuelle des répondants. Cet empilement permet également de calculer la durée moyenne des études pour ces mêmes cohortes (à partir des questions sur l'âge de fin d'études posées à ceux qui sont sortis de l'école) ou encore leur niveau de diplôme (à partir des questions sur les diplômes obtenus). Au total, on dispose d'au moins trois approches indépendantes du niveau scolaire des cohortes successives.

Toutes convergent vers le même diagnostic : une augmentation très rapide des niveaux scolaires à partir des générations nées au milieu des années 1960, puis une décélération tout aussi brutale, amorcée dès les cohortes du début des années 1970. En quelques générations, le profil éducatif des générations arrivant sur le marché du travail s'est modifié du tout au tout, avant de se stabiliser de nouveau.

Entendons-nous bien, le constat de la hausse du niveau de formation au fil des générations a maintes fois été établi et notre propos n'est pas de le réitérer. L'important ici n'est pas l'augmentation, aussi forte soit-elle, mais le fait qu'elle n'ait pas été uniforme dans le temps, qu'elle se soit réalisée par paliers, avec de brutales inflexions. Toute la question va être d'identifier les générations précises où s'opèrent ces inflexions (à la hausse, puis à la baisse) et de vérifier si l'on observe ou non les mêmes ruptures de tendance dans l'évolution de la qualité de l'insertion professionnelle au fil du temps.

La figure 8 retrace l'évolution de la proportion de diplômés du supérieur entre les générations nées en 1960 et 1975. Elle illustre la hausse considérable des diplômes pour ces générations (+ 20 points). Surtout, elle permet d'identifier deux ruptures très claires dans cette tendance : la première (à la hausse) aux alentours des générations 1964-1966, la seconde (à la baisse) aux alentours des générations 1970-1972. La réforme de la fin des années 1980 a entraîné une accélération inédite des niveaux de formation, particulièrement intense pour les personnes nées entre le milieu des années 1960 et le début des années 1970. La proportion de diplômés du supérieur augmente de près de 12 points au fil des générations 1965 et 1970, soit un rythme trois fois plus rapide qu'au cours des générations nées entre 1960 et 1965

FIGURE 8. Évolution de la proportion de diplômés du supérieur au fil des générations nées entre 1960 et 1975

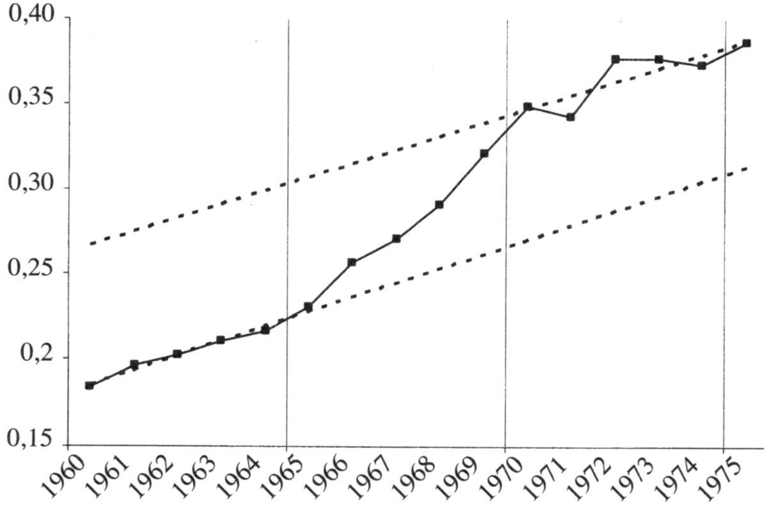

Source : Enquêtes Emploi 1982-2006, D. Goux et É. Maurin (2007).
Lecture : la proportion de diplômés du supérieur est passée de moins de 20 % pour la génération née en 1960 à près de 40 % pour la génération née en 1975.

ou des générations nées entre 1970 et 1975. La proportion de diplômés du supérieur se met ensuite à stagner.

Cette élévation des niveaux de diplômes s'est appuyée sur un allongement sans précédent des durées de scolarité. L'analyse des temps passés à l'école ou à l'université révèle d'ailleurs des inflexions générationnelles très nettes, identiques à celles des diplômes. La proportion de jeunes encore scolarisés à l'âge de 21 ans augmente par exemple de près de 20 points au fil des générations 1965 et 1970, contre à peine 5 points au fil des générations antérieures (1960-1965) et 5 points également au fil des générations postérieures

(1970-1975). Autre indicateur (toujours mesuré de façon indépendante), la durée moyenne de scolarisation progresse de près de 1,3 an entre les générations 1965 et 1970, soit trois fois plus vite que pour les générations du début des années 1960 ou du milieu des années 1970.

L'impulsion politique des années 1980 a ainsi donné lieu à une augmentation brutale des durées de scolarisation et des diplômes, une partie importante de l'évolution s'accomplissant entre les générations nées entre 1965 et 1970. Au vu des chiffres disponibles, on peut estimer que les générations nées au tout début des années 1970 ont passé environ une demi-année *de plus* à l'école et ont à peu près une probabilité de 7 points *plus élevée* d'obtenir un diplôme du supérieur que si les tendances précédant la réforme (et prévalant pour les cohortes du début des années 1960) s'étaient poursuivies sans inflexion. Inversement, on peut évaluer que les générations nées au milieu des années 1970 ont passé près d'une demi-année *de moins* à l'école et ont une probabilité d'être diplômées du supérieur de 7 points *moins élevée* que si l'effort de démocratisation scolaire dont ont bénéficié les générations de la fin des années 1960 s'était poursuivi cinq années de plus sans inflexion. Dans la suite de ce chapitre, la principale question va être de savoir si ce soudain surcroît d'éducation pour les générations du début des années 1970, puis ce brutal déficit pour les générations de la fin des années 1970 se sont ou non traduits par des inflexions similaires dans la qualité de l'insertion professionnelle des personnes concernées.

Le déclenchement des politiques publiques génère bien souvent de profondes discontinuités dans la distribution des ressources au fil des générations (dans notre cas, dans la distribution des ressources éducatives). L'identification de ces ruptures puis la mise en évidence de leurs effets sur les générations successives dans le domaine de l'emploi et du chômage représentent une technique désormais bien maîtrisée d'évaluation des politiques publiques. L'interprétation des résultats issus de ce type d'enquête est d'autant moins ambiguë que la politique analysée n'a pas été enclenchée, puis suspendue en même temps qu'une autre, dont les effets se mélangeraient aux siens. Avant de poursuivre notre analyse, il est donc important de souligner que la mise en œuvre de la réforme scolaire au milieu des années 1980 a coïncidé avec un autre changement institutionnel important : l'arrêt de la politique de revalorisation du salaire minimum initiée en 1968. On ne peut pas juger des effets propres d'une politique ayant visé à améliorer le potentiel des jeunes à l'entrée du marché du travail sans avoir une idée précise des politiques menées en parallèle pour maîtriser le coût d'embauche des salariés les moins expérimentés.

Réforme scolaire et stabilisation du coût du travail

En intégrant les charges sociales, le coût d'un emploi payé au salaire minimum a été multiplié par 2,5 en quinze ans, entre 1968 et 1983 (après une longue période de stagnation entre 1955 et 1968). Par la suite, ce coût réel n'évoluera plus que lentement, se stabilisant autour de son niveau du milieu des années 1980. Cette hausse a profondément modifié les conditions d'embauche des générations arrivées sur le marché du travail entre la fin des années 1960 (celles-là mêmes à l'origine du mouvement) et la fin des années 1970.

FIGURE 9. Évolution du coût minimum de l'insertion professionnelle au fil des générations (en euros constants 2005)

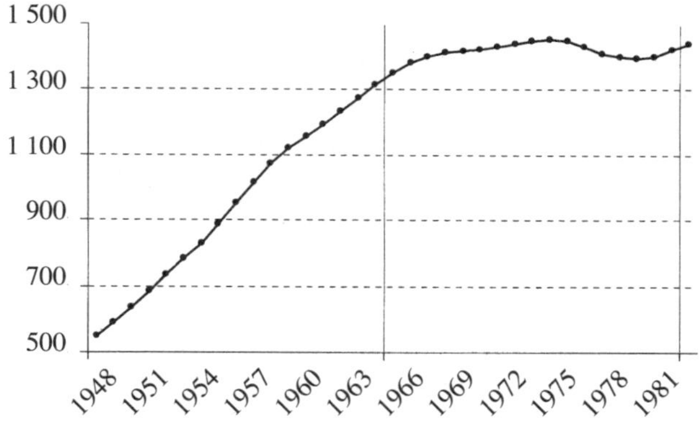

Source : D. Goux et É. Maurin (2007).
Lecture : pour chaque génération née entre 1948 et 1981, la figure rapporte le coût moyen d'un emploi payé au salaire minimum quand les membres de la génération ont entre 16 et 20 ans. Pour la génération née en 1948, ce coût était d'un peu plus de 500 euros ; pour la génération née en 1966, il dépassait les 1 300 euros.

Pour identifier ces générations aussi précisément que possible, la figure 9 retrace l'évolution du coût d'un emploi payé au salaire minimum pour les générations d'après-guerre lorsque leurs membres avaient entre 16 et 20 ans. Par exemple, pour la cohorte née en 1950, la figure indique la moyenne des coûts d'un emploi payé au salaire minimum pour la période 1966-1970. Ce graphique donne une idée du coût minimum auquel les membres de chaque génération ont eu la possibilité de s'insérer dans l'emploi dès lors qu'ils choisissaient (ou étaient contraints) de quitter l'école relativement tôt (soit avant 20 ans). La courbe permet de visualiser la hausse très rapide de ce coût d'insertion à partir des cohortes de l'immédiat après-guerre jusqu'à celles du début des années 1960, puis sa stabilisation à partir des générations nées au milieu des années 1960. Point important, les premières générations concernées par la réforme du lycée et des premiers cycles universitaires, celles du milieu des années 1960, sont également les dernières concernées par la hausse du coût minimum d'un emploi d'insertion.

Il faudra évidemment garder ces évolutions à l'esprit au moment d'analyser l'évolution du chômage au fil des générations. Tout changement de tendance entre les générations nées avant et après le milieu des années 1960 devra par exemple s'interpréter comme reflétant la combinaison de deux effets : la stabilisation du coût minimum d'un emploi et le déclenchement de la réforme scolaire. Une inflexion survenant entre les générations nées avant et après les générations du début des années 1970 aura, en revanche, une signification plus claire, puisque ces générations se sont insérées sur un marché du travail où le coût d'embauche des jeunes était maintenu à un niveau constant en termes réels. Plus précisément, elle pourra s'interpréter très directement comme le résultat de l'essoufflement contemporain de la démocratisation de l'enseignement.

La réduction du chômage d'insertion après la réforme

L'insertion d'une génération sur le marché du travail est un processus très long. Il commence au moment où les personnes atteignent l'âge de 16 ans et s'achève plus d'une dizaine d'années plus tard, au moment où elles dépassent l'âge de 27 ans. Au-delà de 27 ans, la proportion de celles qui sont encore dans le système éducatif devient en effet résiduelle[1]. Pour analyser la situation d'une génération dans les années qui suivent sa sortie de l'école, il est donc nécessaire de disposer au minimum d'une douzaine d'enquêtes successives. Par exemple, pour évaluer la situation professionnelle des personnes nées en 1964, deux ans après leur sortie de l'école, il faut disposer d'enquêtes menées à partir de 1982 (date où l'on peut observer deux années après leur sortie les personnes de cette génération qui ont quitté l'école à 16 ans) jusqu'à 1993 (date où l'on peut observer deux années après leur sortie les personnes qui ont achevé leurs études à 27 ans). Dans la mesure où nous disposons de l'ensemble des enquêtes conduites entre 1982 et 2006, il nous est possible d'analyser la situation de l'ensemble des treize cohortes nées entre 1964 et 1976, deux ou trois années après leur sortie de l'école[2]. L'empilement des enquêtes sur l'Emploi permet d'analyser l'évolution de la qualité de l'insertion professionnelle au fil de ces cohortes, dont les premières sont trop anciennes pour avoir bénéficié de la réforme scolaire et les dernières suffisamment récentes pour en avoir profité pleinement.

La figure 10 retrace ainsi l'évolution du taux de chômage des actifs deux ou trois ans après leur sortie de l'école pour

1. Elle devient à la fois très faible et, sur la période considérée, n'évolue plus guère au fil des cohortes : au sein de la génération 1965 comme de la génération 1975, on compte à peine 3 % de personnes se déclarant encore dans le système éducatif à 28 ans.

2. Nous groupons les observations réalisées deux ans et trois ans après la sortie pour pouvoir raisonner sur un nombre d'éléments suffisants par cohorte. Nous excluons les observations réalisées moins de deux ans après la sortie de l'école parce qu'une partie d'entre elles correspondent en réalité à des sorties non définitives. On obtient toutefois des diagnostics parfaitement similaires en considérant l'ensemble des observations réalisées entre zéro et trois ans après la sortie de l'école.

FIGURE 10. Évolution de la proportion de personnes au chômage dans la population active, deux à trois ans après la sortie de l'école, au fil des générations

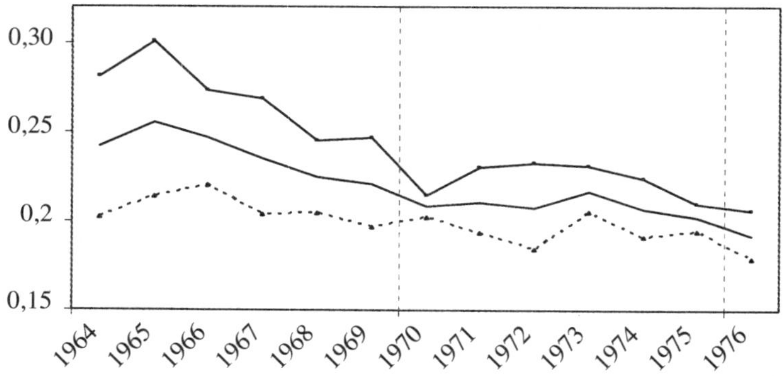

Source : Enquêtes Emploi 1982-2006, D. Goux et É. Maurin (2007).
Note : la courbe inférieure (en pointillés) correspond aux hommes, la courbe supérieure aux femmes, la courbe intermédiaire à la moyenne des deux. Pour chaque génération, le taux de chômage correspond aux situations rencontrées deux ou trois ans après la sortie de l'école. Le taux de chômage des femmes à l'entrée sur le marché du travail est d'environ 30 %, pour la génération née en 1965, et d'un peu plus de 20 %, pour la génération née en 1970.

les cohortes nées entre 1964 et 1976. De façon particulièrement intéressante, elle révèle que le taux de chômage commence à diminuer fortement à peu près exactement au moment où s'arrête la croissance du coût minimum d'un emploi et où commencent à se faire sentir les effets de la réforme éducative, c'est-à-dire pour les générations 1965-1966. Le chômage deux ou trois ans après la sortie de l'école diminue ensuite d'environ 5 points entre la cohorte née en 1965 et celle née en 1970, passant d'environ 25,5 % à 20,5 %. La baisse est particulièrement frappante pour les femmes, par ailleurs principales bénéficiaires de la hausse

FIGURE 11. Évolution du nombre d'années d'études au fil des générations 1964-1976

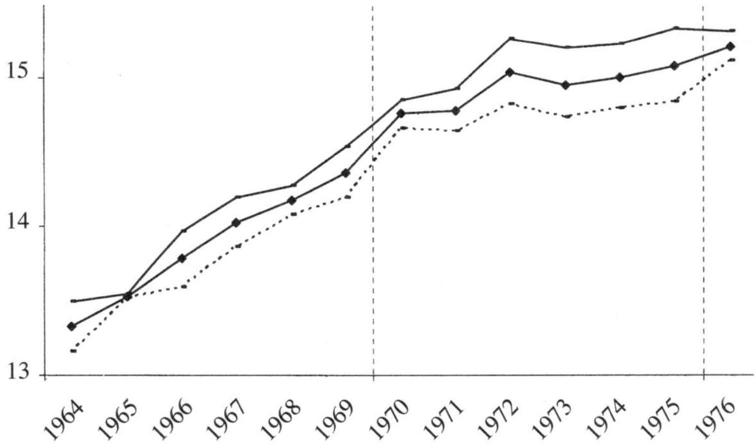

Source : Enquêtes Emploi 1982-2006, D. Goux et É. Maurin (2007).
Note : la courbe inférieure (en pointillés) correspond aux hommes, la courbe supérieure aux femmes, la courbe intermédiaire à la moyenne des deux. Pour chaque génération, le nombre d'années d'études correspond à la moyenne des déclarations deux ou trois ans après la sortie de l'école. Les hommes de la génération née en 1964 déclarent avoir passé un peu plus de 13 ans à l'école, ceux de la génération 1976 près de 15 ans.

de l'effort de démocratisation scolaire. Point tout aussi intéressant pour notre propos, cette baisse ralentit nettement à partir des cohortes nées au début des années 1970, c'est-à-dire à peu près exactement au moment où l'effort éducatif commence à s'essouffler. La figure 11 retrace l'évolution de la durée moyenne passée à l'école pour les mêmes générations et mesurée au même moment de la carrière que le chômage dans la figure 10: elle confirme un ralentissement très net après la génération 1970. Seconde coïncidence donc, la croissance beaucoup plus faible des niveaux d'éducation à partir des générations du début des années 1970 se conjugue avec un reflux lui aussi soudain beaucoup plus lent du chômage à l'entrée sur le marché du travail.

Une analyse de la proportion de personnes ayant un emploi deux ou trois ans après la sortie de l'école reproduirait exactement les mêmes inflexions [1]. Déclinant rapidement pour les cohortes nées au début des années 1960, ce taux d'emploi en début de carrière repart à la hausse à partir des cohortes 1965-1966, c'est-à-dire pour celles qui, les premières, ont bénéficié du surcroît de formation apporté par l'ouverture du lycée et la stabilisation du coût du travail. La croissance du taux d'emploi reste ensuite soutenue pendant toute la phase de montée en charge de la politique éducative (passant de 68 % à 71 % en cinq générations), puis se stabilise en même temps que les effets de la politique éducative, avant d'atteindre dans la deuxième moitié des années 1970 des niveaux près de 4 points plus élevés que ceux observés au milieu des années 1960. Le reflux du chômage s'est appuyé sur une augmentation bien réelle de la capacité d'insertion professionnelle dans l'ensemble de la population.

Il existe ainsi bel et bien une étroite coïncidence entre l'accélération puis la décélération de l'effort éducatif, d'une part, et le redressement puis la stabilisation de la qualité de l'insertion professionnelle au fil des générations, d'autre

1. Voir D. Goux et É. Maurin, 2007, art. cité. Rappelons que le taux de chômage représente la proportion de chômeurs dans la population active (laquelle rassemble les chômeurs et les personnes en emploi), tandis que le taux d'emploi représente la proportion de personnes en emploi dans l'ensemble de la population (active ou non). Les deux indicateurs n'évoluent pas forcément de façon symétrique. Une hausse du taux d'emploi peut correspondre à une baisse du taux de chômage, mais également à une hausse du taux d'activité (proportion d'actifs dans la population). Dans notre cas, les évolutions sont symétriques, signe qu'il n'y a pas eu d'effets majeurs sur les taux d'activité.

part. Contrairement à une idée aujourd'hui ressassée, la qualité de l'insertion professionnelle à la sortie de l'école tend à s'améliorer de façon tendancielle depuis les générations du milieu des années 1960, et cette amélioration s'est infléchie au moment même où l'effort éducatif était suspendu.

Un effet persistant

Le chômage et l'emploi, on le sait, peuvent subir de larges fluctuations d'une période à l'autre, notamment chez les jeunes actifs. Dans ces conditions, on peut se demander si l'amélioration des situations observées deux ou trois ans après la sortie de l'école au fil des cohortes 1964-1976 ne reflète pas, au moins en partie, le fait que les générations du milieu des années 1970 ont rencontré en moyenne des conjonctures plus favorables à leur sortie de l'école que les générations nées au début des années 1960 : les premières auraient eu de la chance, tout simplement.

Il est possible de tester cette hypothèse en analysant les taux de chômage et les taux d'emplois non plus deux ou trois ans après l'entrée sur le marché du travail comme précédemment, mais un peu plus tard, quatre, cinq ou six ans après, par exemple. Si les évolutions mises en évidence précédemment ne sont que le reflet des fluctuations de la conjoncture au fil du cycle économique, les inflexions du taux de chômage ou du taux d'emploi au fil des cohortes quatre, cinq ou six ans après la sortie de l'école devraient être perceptibles avec un décalage de deux ou trois cohortes par rapport aux inflexions observées deux ou trois ans après

FIGURE 12. Évolution de la proportion de personnes au chômage dans la population active, quatre à six ans après la sortie de l'école, au fil des générations

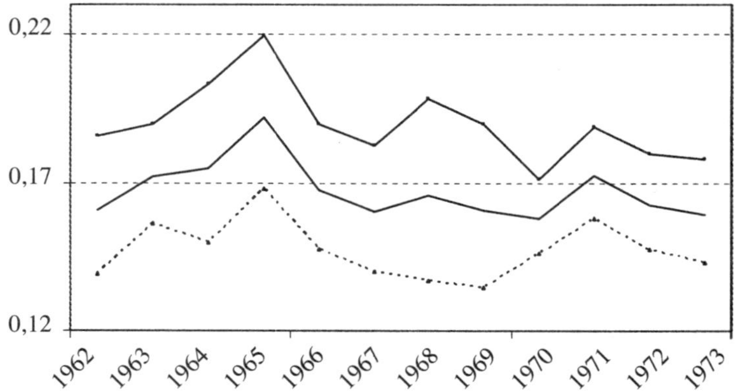

Source : Enquêtes Emploi 1982-2006, D. Goux et É. Maurin (2007).
Note : la courbe inférieure (en pointillés) correspond aux hommes, la courbe supérieure aux femmes, la courbe intermédiaire à la moyenne des deux. Pour chaque génération, la proportion est calculée en prenant la moyenne des déclarations entre quatre et six ans après la sortie de l'école. Pour la génération née en 1965, la proportion de femmes au chômage dans la population active, quatre à six ans après la sortie de l'école, s'élève à environ 22 %.

la sortie de l'école, c'est-à-dire pour la cohorte 1963 plutôt que pour la cohorte 1965 et pour la cohorte 1968 plutôt que 1970. En effet, les chocs conjoncturels ayant affecté la situation de la cohorte née en 1965, deux ou trois ans après sa sortie de l'école, sont les mêmes que ceux ayant affecté la cohorte née en 1963, quatre ou cinq ans après sa sortie de l'école. De même, pour les cohortes nées en 1970 et en 1968. L'analyse des données de l'enquête Emploi ne révèle rien de tel (voir figure 12). Que l'on analyse la situation des cohortes deux à trois ans ou quatre à cinq ans après leur sortie de l'école, les inflexions des taux d'emploi et de chômage se produisent pour les mêmes cohortes, celles du milieu des années 1960, puis celles du début des années 1970, de façon toujours très cohérente avec la montée en charge puis le ralentissement de l'effort éducatif. Après avoir grimpé et atteint 19,2 % pour la génération 1965, le taux de chômage après quatre à six ans de vie active se met à baisser rapidement jusqu'à moins de 15 % pour la génération 1970, avant de diminuer beaucoup plus lentement jusqu'à 14 % en 1975. Le surcroît de formation initiale reçu par les générations du début des 1970 par rapport à celles du milieu des années 1960 se traduit au total par une diminution du taux de chômage d'environ 5 points (19,2 % *vs* 14,2 %) après quatre à six ans sur le marché du travail. Chaque augmentation de 1 point de la proportion de diplômés du supérieur génère ainsi une baisse de 2 points du taux de chômage deux à trois ans après la sortie de l'école, et de 1 point quatre à six ans après la sortie de l'école. En extrapolant, la réduction totale du chômage des jeunes en début de vie active demanderait une augmentation de 35 % à 55 % de la proportion de diplômés du supérieur.

L'insertion professionnelle des jeunes est parfois analysée en comparant le destin de cohortes définies non pas par leur date de naissance (comme tout au long de ce chapitre), mais par leur date d'entrée sur le marché du travail[1]. Pour naturelle qu'elle paraisse, cette approche pose plusieurs problèmes, ne serait-ce que parce qu'elle fait courir le risque de confondre les effets de conjoncture et les effets proprement générationnels. Par exemple, la comparaison du taux de

1. Voir Yannick Fondeur et Claude Minni, « L'emploi des jeunes au cœur des dynamiques du marché du travail », *Économie et statistique*, nº 378-379, 2004.

chômage à l'entrée sur le marché du travail des personnes sorties de l'école en 1988 et de celles sorties en 1992 est directement affectée par la profonde détérioration de la conjoncture survenue entre ces deux dates et ne permet pas du tout d'isoler les effets de l'effort éducatif considérable réalisé au cours de ces années[1]. L'approche privilégiée dans ce chapitre est conçue de manière à se protéger des effets des variations conjoncturelles de l'activité au fil du cycle économique.

Une amélioration de la qualité des emplois

Le risque de chômage diminue très sensiblement après la réforme du lycée, que l'on considère les jeunes deux ou trois ans après leur sortie de l'école, ou un peu plus tard quatre à cinq ans après leur sortie. Il ne s'agit donc pas d'une embellie temporaire, liée à la conjoncture, mais bien d'un effet ayant durablement bénéficié aux cohortes arrivées dans le secondaire après la réforme scolaire de la fin des années 1980. Une question importante est de savoir si l'amélioration de la situation des jeunes au fil des cohortes 1964-1976

1. En fait, quand bien même on serait capable d'évaluer et de corriger l'effet propre de la conjoncture, l'approche par cohorte d'entrants sur le marché du travail (plutôt que par cohortes de naissance) continuerait de poser de redoutables problèmes d'interprétation, dans la mesure où le profil des nouveaux arrivants sur le marché du travail peut difficilement être supposé constant au fil du cycle économique. Étant donné le durcissement de la conjoncture, les sortants de l'école de 1993 représentent une population *a priori* beaucoup plus sélectionnée, sur des emplois beaucoup plus spécifiques, que les sortants de 1988.

FIGURE 13. Évolution de la proportion de personnes ayant un emploi dans la population totale entre dix et douze ans après la sortie de l'école, pour les générations nées avant 1966

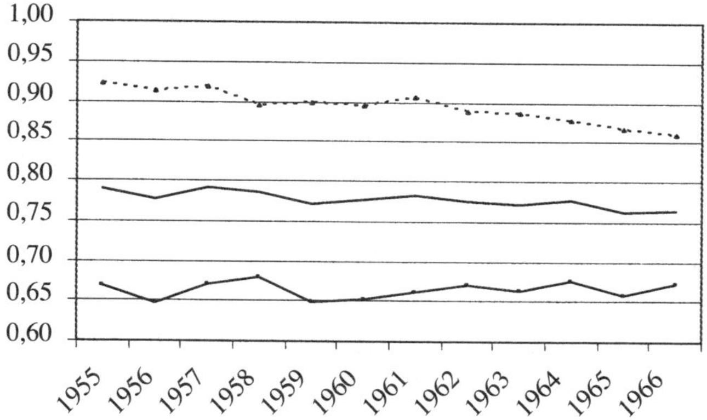

Source : Enquêtes Emploi 1982-2006, D. Goux et É. Maurin (2007).
Note : la courbe supérieure (en pointillés) correspond aux hommes, la courbe inférieure aux femmes, la courbe intermédiaire à la moyenne des deux. Pour chaque génération, la proportion est calculée en prenant la moyenne des déclarations entre dix et douze ans après la sortie de l'école. Pour la génération née en 1958, le taux d'emploi des hommes dix à douze ans après la sortie de l'école s'élève à environ 90 %.

s'est faite au détriment de cohortes plus anciennes, n'ayant pas bénéficié de la réforme scolaire, notamment celles qui sont nées une dizaine d'années plus tôt, au moment où elles avaient justement une dizaine d'années d'expérience du marché du travail. Les données ne révèlent rien de tel. On ne constate aucune inflexion dans les taux de chômage ou dans les taux d'emploi observés dix à douze ans après la sortie de l'école au fil des cohortes nées entre 1955 et 1965 (voir figure 13). L'amélioration substantielle dont ont bénéficié les générations 1964 et 1975 au cours de leurs premières années d'insertion professionnelle, ne s'est accompagnée d'aucune amélioration ou détérioration de la situation des actifs plus

FIGURE 14. Évolution de la proportion de cadres et professions intermédiaires quatre à cinq ans après la sortie de l'école pour les générations nées entre 1960 et 1975

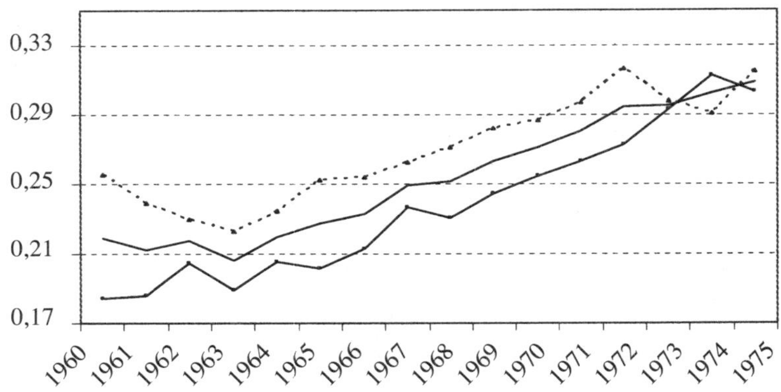

Source : Enquêtes Emploi 1982-2006, D. Goux et É. Maurin (2007).

Note : la courbe supérieure (en pointillés) correspond aux hommes, la courbe inférieure aux femmes, la courbe intermédiaire à la moyenne des deux. Pour chaque génération, la proportion est calculée en prenant la moyenne des déclarations entre quatre et cinq ans après la sortie de l'école. Pour la génération née en 1960, la proportion de cadres et professions intermédiaires parmi les actifs occupés masculins, quatre à cinq ans après la sortie de l'école, s'élève à environ 25 %. Elle dépasse les 30 % pour la génération née en 1975.

expérimentés qui se trouvaient déjà présents sur le marché du travail avant la réforme scolaire. Contrairement à une idée profondément enracinée dans beaucoup d'esprits, le marché du travail n'est pas un jeu à somme nulle où la participation des uns exclut *de facto* une partie des autres.

Une autre idée souvent avancée est que la qualité des emplois aurait décliné au fil des générations, notamment les plus récentes. Dans cette hypothèse, la baisse du chômage mise en évidence dans les chapitres précédents aurait eu pour contrepartie une dégradation du niveau des emplois proposés aux jeunes. Pour éclairer cette conjecture, la figure 14 retrace la proportion de jeunes occupant un emploi de cadre ou de profession intermédiaire, quatre ou cinq ans après sortie de l'école. Contrairement à une autre idée reçue, cette proportion est en accroissement constant à partir des générations nées au milieu des années 1960. Tout juste, l'augmentation s'infléchit-elle à partir des cohortes du milieu des années 1970, lorsque la démocratisation s'essouffle. La proportion de cadres et de professions intermédiaires quatre ou cinq ans après l'entrée dans la vie active est supérieure à 30 % pour les cohortes du début des années 1970, alors qu'elle est inférieure à 23 % pour les cohortes du début des années 1960. La démocratisation de l'enseignement n'a pas simplement amélioré l'accès à l'emploi, elle a essentiellement augmenté l'accès aux emplois les plus qualifiés, les emplois de cols blancs. Les cohortes les plus récentes ne sont donc pas reléguées vers des formes de plus en plus sous-qualifiées d'emploi. Elles accèdent au contraire de plus en plus massivement aux postes d'encadrement.

Certains objecteront que les emplois de cols blancs ont perdu leur statut privilégié au fur et à mesure qu'ils se multipliaient. C'est sans doute en partie vrai, même si les enquêtes sur les conditions de travail n'indiquent pas vraiment d'effritement de ce type. Les emplois de cadres et professions intermédiaires ont par ailleurs été beaucoup moins touchés par la montée des contrats précaires que les emplois d'ouvriers ou d'employés. L'analyse de la proportion de jeunes actifs sous contrat à durée déterminée quatre ou cinq ans après la sortie de l'école révèle une complète stabilité à partir des générations du milieu des années 1960, après une forte hausse pour les générations plus anciennes. La précarisation du marché du travail est contemporaine de la hausse du coût minimum d'une embauche, mais antérieure à la démocratisation du lycée et des premiers cycles universitaires.

La qualité des emplois d'insertion peut également être mesurée par les salaires reçus en début de vie active. Dans l'étude menée avec M. Gurgand, évoquée au chapitre précédent, nous éclairons également cette question en partant du constat que la réforme éducative de la fin des années 1980 a essentiellement concerné les filières universitaires courtes, mais a laissé intact le système des grandes écoles. Entre les générations nées au milieu des années 1960 et celles nées au milieu des années 1970, la proportion de diplômés du système des grandes écoles (entendu au sens large) reste très stable : aux environs de 5 %. La réforme définit ainsi implicitement deux groupes de personnes : les 5 % d'une génération ayant accès aux institutions d'élites, les 95 % n'ayant pas accès à ces institutions, mais bénéficiaires directes de la démocratisation du lycée et des premiers cycles universitaires. Si les diplômes n'avaient aucun effet sur la qualification réelle des emplois occupés, les rémunérations reçues à l'entrée sur le marché du travail par les bénéficiaires de la réforme auraient stagné, voire baissé, par rapport à celles reçues par l'élite scolaire et sociale issue du système des grandes écoles. On n'observe rien de tel, mais bien une amélioration constante des rémunérations relatives des bénéficiaires de la réforme, de 1,5 % environ par génération, par rapport à celles reçues par les diplômés des grandes écoles. En rapportant ce surcroît de rémunération au surcroît de diplômes obtenus par les bénéficiaires de la réforme de l'enseignement, on peut établir que les formations universitaires dispensées à la fin des années 1980 ont accru les rémunérations en moyenne de 50 %. Les nouvelles qualifications ne sont pas simplement un passeport pour l'emploi, elles sont également la promesse de rémunérations une fois et demie plus importantes à chaque âge de la vie.

Démocratisation et égalisation des destins

L'un des reproches les plus récurrents adressés à la démocratisation scolaire consiste à dire qu'elle produirait l'inverse de ce pour quoi elle a été conçue, à savoir un accroissement des inégalités de destin entre enfants de différents milieux sociaux. Les sanctuaires de l'élite républicaine ayant disparu, les meilleurs élèves des milieux modestes n'auraient plus aujourd'hui la possibilité de bénéficier d'une scolarité protégée. Ils seraient désormais condamnés à rester noyés dans la masse, plus aucun ou presque ne pouvant espérer accéder à l'élite scolaire et sociale. Se serait ainsi mise en place une triste incitation à la médiocrité, ainsi qu'un mécanisme décourageant ceux qu'il faudrait le plus valoriser parce qu'ils sont à la fois les plus méritants et les plus démunis. La rhétorique des effets pervers est, on le sait, typique des milieux conservateurs : elle fustige volontiers la démocratisation et ses « bons sentiments ». Elle est ici entonnée avec d'autant plus de conviction que l'un des idéaux favoris de ces milieux est précisément l'« égalité des chances », cet idéal permettant, au moins en surface, de concilier souci de justice sociale et tolérance pour l'ordre établi et ses inégalités.

Il est d'ailleurs tout à fait édifiant que, les militants les plus zélés de l'égalité des chances se recrutent toujours dans le grand patronat ou parmi les directeurs d'établissements les plus élitistes. Par promotion de l'égalité des chances, ils entendent généralement l'aménagement à la marge de diverses procédures de sélection scolaire et sociale (CV anonymes, procédures d'exception pour les enfants issus des quartiers à forte immigration, discrimination positive, etc.), et beaucoup plus rarement une action publique d'envergure contre les inégalités de condition de vie entre familles qui sont la véritable cause des inégalités de destin entre enfants. Au fond, l'égalité des chances renvoie à des politiques de lutte contre les entraves à la libre compétition entre les individus et à l'expression de leurs talents personnels, et non à des politiques visant à améliorer les conditions mêmes de construction des personnes, de leur avenir et de leur contexte d'apprentissage.

Une discussion plus approfondie des ambiguïtés du concept d'égalité des chances détournerait ce livre de son objet[1]. La question qui nous intéresse ici est plus simple : peut-on sérieusement soutenir que la démocratisation de l'enseignement provoque un accroissement des inégalités de destin entre enfants de différents milieux ? L'enquête Emploi permet d'éclairer cette question en comparant la situation professionnelle des enfants des différents milieux sociaux dans les années qui suivent leur sortie de l'école, avant et après la grande réforme scolaire de la fin des années 1980. Quel que soit l'indicateur retenu (taux d'emploi, de chômage, ou d'accès aux emplois d'encadrement), on ne constate aucune

1. Pour une analyse des impasses du « méritocratisme » scolaire, voir les travaux influents de John Goldthorpe et de ses collègues du Nuffield College à Oxford. Par exemple : J. Goldthorpe, « The Myth of Education-Based Meritocracy », *New Economy*, 10 (4), 2003, p. 234-239. Voir également François Dubet, *L'École des chances. Qu'est-ce qu'une école juste ?*, Paris, La République des Idées / Seuil, 2004.

aggravation des inégalités au fil des cohortes qui ont bénéficié de la réforme scolaire de la fin des années 1980.

À titre d'illustration, il est possible de comparer le taux d'emploi des enfants de classes modestes et des enfants de classes moyennes et supérieures, tel qu'on peut le mesurer quatre à six ans après la sortie de l'école. Pour les générations nées entre 1962 et 1965, antérieures à la démocratisation et encore marquées par la hausse rapide du coût minimum d'un emploi, on constate une aggravation très nette de la situation des enfants de classes modestes, leur taux d'emploi chutant de 5 points tandis que celui des enfants de classes moyennes et supérieures reste stable. Pour les générations nées dans la deuxième moitié des années 1960, contemporaine de la montée en charge de la démocratisation scolaire, on constate un rebond du taux d'emploi dans les deux groupes, mais il est plus net pour les enfants de classes modestes (+ 4 points). Le taux d'emploi des deux groupes se stabilise ensuite, en même temps que s'interrompt l'effort de démocratisation. De façon générale, on obtient des évolutions similaires en analysant le taux d'emploi deux ou trois ans après la sortie de l'école ou le taux de chômage parmi les actifs.

Quel que soit l'indicateur retenu, le diagnostic reste fondamentalement le même : les enfants des classes modestes semblent avoir été beaucoup plus négativement affectés par la hausse du coût du travail non qualifié jusqu'au milieu des années 1980, mais en contrepartie ils ont davantage bénéficié de la démocratisation de l'enseignement supérieur survenue dans la seconde moitié de ces mêmes années 1980. Les classes modestes fournissent les plus gros contingents d'élèves en difficulté au primaire et au collège. Beaucoup peuvent s'insérer sur le marché du travail seulement s'ils trouvent un employeur prêt à les payer au salaire minimum, et c'est sans doute l'une des raisons expliquant la chute particulièrement aiguë de leurs opportunités d'emploi jusqu'aux générations du milieu des années 1960. Les enfants des classes modestes forment également les plus gros contingents échouant aux portes de l'enseignement supérieur, les plus directement concernés par son ouverture, d'autant que celle-ci a privilégié les filières professionnelles courtes. C'est sans doute, là, la clef du bénéfice particulier qu'ils ont pu tirer de la réforme des années 1980.

Il existe une littérature assez ancienne sur les effets du développement économique sur les inégalités entre personnes issues de milieux sociaux différents. Le débat est extrêmement difficile à trancher et le cas français des décennies d'après-guerre permet d'en comprendre l'une des raisons : les réformes accompagnant le développement économique ne jouent pas toutes nécessairement dans le même sens. Certaines pénalisent les enfants des classes populaires (une hausse trop rapide du salaire minimum par rapport à la productivité du travail, par exemple), d'autres leur bénéficient beaucoup plus directement (l'ouverture de l'enseignement secondaire).

Au total, la grande réforme scolaire des années 1980 s'est accompagnée d'une amélioration durable de la situation professionnelle des générations nées après 1965, sans provoquer pour autant d'affaiblissement pour les générations plus anciennes, ni d'accroissement des inégalités entre enfants issus de milieux sociaux différents. En dépit de ce bilan objectivement positif, règne aujourd'hui en France une défiance très forte vis-à-vis de la démocratisation de l'enseignement. Les pages qui vont suivre essaient d'en identifier les raisons profondes.

CHAPITRE VI

Le mythe de la dévalorisation des diplômes

On peut résumer le chapitre précédent en quelques mots : la réforme de l'enseignement de la fin des années 1980 a produit, entre les générations 1965 et 1970, un double bénéfice. D'une part, un surcroît de diplômés du supérieur d'environ 7 points par rapport aux tendances antérieures. D'autre part, une diminution comparable de la probabilité moyenne d'être au chômage dans les années suivant la sortie de l'école, accompagnée d'une augmentation d'environ 5 points des taux moyens d'emploi correspondants, les nouveaux emplois étant essentiellement des postes de cadres et de professions intermédiaires, payés au moins 50 % au-dessus du minimum.

En additionnant les surplus d'activité et de ressources ainsi générés tout au long des carrières professionnelles, il ne serait pas difficile de montrer que les bénéfices actualisés d'une année supplémentaire d'enseignement supérieur excèdent largement les coûts que représente cet investissement pour l'étudiant et pour la société. Dans ces conditions, comment expliquer le sentiment de déception et le scepticisme général vis-à-vis de la démocratisation scolaire ? Ce sentiment se nourrit tout d'abord, je crois, de l'idée que les bénéfices de l'éducation sont purement privés et que la société n'en tire aucun avantage réel. Certes, bien peu aujourd'hui contestent que l'éducation ne génère d'importants avantages pour ceux qui en bénéficient directement. Autrement dit, il n'y a guère de doute sur le fait que chaque enfant pris individuellement a intérêt à finir parmi les plus diplômés de sa génération. En revanche, beaucoup pensent (notamment en France) qu'il ne s'agit que d'un effet nominal, un effet « parchemin » : chacun a intérêt à avoir le diplôme le plus élevé, mais la société, elle, ne tire aucun bénéfice à multiplier les parchemins. Cela ne produirait aucun effet social réel, sinon une « inflation », pour reprendre le titre même du livre récent de Marie Duru-Bellat[1]: les diplômes, à l'instar de la monnaie, se dévaloriseraient à mesure qu'on en augmente la diffusion. En encourageant les jeunes à des études toujours plus longues, en leur ouvrant toujours plus largement les portes du supérieur sans prendre garde au volume de l'évolution des emplois disponibles, on aurait fait inconsidérément tourner la « planche à billets » des titres scolaires, au risque de mettre en circulation une sorte de « fausse monnaie éducative ».

Cette thèse – séduisante, mais jamais vraiment démontrée – est profondément mise à mal par l'évaluation des effets de la réforme scolaire de la fin des années 1980 proposée dans le chapitre précédent, et, plus généralement, par l'ensemble des évaluations aujourd'hui disponibles sur les effets macrosociaux des grandes réformes éducatives d'après-guerre en Scandinavie et au Royaume-Uni. Si le supplément d'éducation dont elles ont bénéficié n'était qu'un « parchemin » supplémentaire dépourvu de réalité productive, l'insertion

1. Marie Duru-Bellat, *L'Inflation scolaire*, Paris, La République des Idées / Seuil, 2006.

des générations nées en 1970 ou 1975 – prises dans leur globalité – n'aurait pas pu être à ce point meilleure que celles des générations nées au milieu des 1960, alors que le coût minimum d'un emploi pour les employeurs n'avait pas faibli.

Au sein d'une cohorte particulière, la signification des avantages donnés aux plus diplômés est toujours ambiguë : on ne sait trop si les employeurs rémunèrent les capacités qui ont permis aux plus diplômés d'être les meilleurs à l'école ou bien les compétences réelles que leur formation leur a réellement apportées. Cette ambiguïté disparaît quand on compare des cohortes très formées et peu formées, entrées à des dates éloignées dans le temps sur le marché du travail : pourquoi la cohorte comptant le plus de diplômés aurait-elle en moyenne une meilleure situation professionnelle si les employeurs n'accordaient d'importance qu'au classement de chacun dans la compétition scolaire ? La thèse désormais ancienne[1] selon laquelle l'éducation devient très largement un « bien positionnel » dont la valeur est relative à ce qu'ont les autres ne résiste guère à une analyse approfondie. Cela est vrai pour la France des années 1980, mais également au-delà pour d'autres pays et d'autres époques, nous y reviendrons plus longuement dans un prochain chapitre.

1. Voir, par exemple, Pierre Bourdieu, « Classement, déclassement, reclassement », *Actes de la recherche en sciences sociales*, n° 24, 1978, p. 2-22.

Le mythe de la dévalorisation des diplômes

Le sentiment de défiance vis-à-vis de la démocratisation scolaire se nourrit également de l'idée que cette dernière se serait accompagnée d'une dévalorisation massive des diplômes. À droite, cette évolution est dénoncée comme un mouvement de destruction des repères éducatifs, des valeurs d'étude et de travail naguère essentielles et aujourd'hui bafouées par le laxisme et la facilité des examens. C'est en filigrane le regret exprimé par Jean-Pierre Chevènement, lui-même, quand il analyse la postérité de sa propre politique. À gauche, elle est dénoncée comme une source de désillusion pour les nouveaux diplômés, pour les nouveaux venus, pour tous ceux qui ont joué le jeu de l'école sans être récompensés à hauteur de leurs espérances. Les nouvelles générations d'enfants ont le baccalauréat, mais n'accéderaient plus aux positions tenues par les bacheliers d'autrefois. D'où un sentiment d'échec généralisé.

Avant de juger cette thèse sur le fond, soulignons une nouvelle fois qu'elle n'est pas incompatible avec l'idée que la démocratisation scolaire a eu des effets positifs sur la situation professionnelle objective des générations qui se sont succédées. Les diplômes peuvent très bien avoir perdu de leur valeur, et les nouvelles générations se porter pourtant objectivement mieux que si la démocratisation n'avait pas eu lieu et si les taux d'accès à l'enseignement supérieur étaient restés résiduels. Les deux propositions ne s'excluent nullement.

Que doit-on penser à présent de l'évolution de la valeur des diplômes au fil du temps ? L'argument maintes fois injecté dans le débat public est que les diplômés d'aujourd'hui n'atteindraient pas les mêmes positions sociales qu'hier. On le trouve, par exemple, dans le livre de Louis Chauvel sur le destin des générations [1]. Il est également repris par M. Duru-Bellat dans son livre sur l'inflation scolaire ou par Christian Baudelot et Roger Establet dans leurs récentes contributions sur la jeunesse [2]. Le problème central de ces jugements vient du fait que les diplômés d'aujourd'hui n'ont rien à voir avec ceux d'hier.

Au sein des cohortes nées au début des années 1960, les diplômés du supérieur représentaient moins de 20 % de la population. Au sein des générations nées à la fin des années 1970, ils en représentent pratiquement le double. Dans ces conditions comment faut-il interpréter les différences de destin entre les premiers et les seconds ? Reflètent-elles l'évolution de l'effet du diplôme sur les carrières individuelles ou plus simplement l'évolution de la composition sociale, plus large, moins sélective, du groupe des diplômés ? Il n'existe à ma connaissance pas de moyens de déterminer de combien réellement la valeur des diplômes a baissé ou augmenté. On peut néanmoins fixer quelques ordres de grandeurs, quelques limites à l'évolution potentielle de cette valeur sur le marché du travail.

Par exemple, lorsqu'on se concentre sur les diplômés du supérieur, le taux d'emploi observé quatre à six ans après la sortie de l'école est près de 5 points plus élevé pour la génération née en 1975 que pour celle née en 1965. Le taux reste en revanche le même pour le groupe des non-diplômés (aux

1. Louis Chauvel, *Le Destin des générations*, Paris, PUF, 1998.
2. M. Duru-Bellat, *op. cit.* ; Christian Baudelot et Roger Establet, *Avoir trente ans en 1968 et 1998*, Paris, Seuil, 2000.

alentours de 50 %). Le groupe des diplômés est représentatif d'une population beaucoup moins triée à l'issue de la réforme. Et pourtant son taux d'emploi à l'entrée sur le marché du travail augmente, tant dans l'absolu que d'un point de vue relatif. Au vu de cette réalité, il semble clair que les rendements des diplômes ont plutôt augmenté à l'entrée dans la vie active, même s'il est impossible de chiffrer réellement cette évolution du fait du changement de composition du groupe.

Affirmer que la valeur des diplômes augmente sonne comme une hérésie dans le contexte français. Il s'agit pourtant d'un constat partagé par la plupart de nos voisins. En Angleterre, par exemple, le débat ne porte pas sur l'opportunité d'accroître encore le niveau de formation des générations à venir, mais sur la façon la plus efficace d'y parvenir. De fait, on a pu constater à peu près partout dans le monde développé une augmentation des inégalités entre salariés diplômés et non diplômés, alors même que la proportion de diplômés augmentait dans la population active. Nul besoin d'être grand expert pour en déduire que les changements technologiques et organisationnels au sein des entreprises sont intrinsèquement favorables au travail très qualifié, même si la nature profonde de cette évolution reste à éclairer. Nous reviendrons de façon plus approfondie sur cette question dans la dernière partie de ce livre.

Chômage des jeunes et illusions statistiques

Le scepticisme vis-à-vis de la démocratisation scolaire se nourrit non seulement du mythe de la dévalorisation des diplômes, mais également de l'idée que la situation des « jeunes » irait de mal en pis, proposition où le terme « jeunes » désigne généralement la population ayant entre 16 et 24 ans. Le passage obligé de tout livre sur la faillite de l'école est désormais de rappeler que le taux de chômage des actifs de ce groupe d'âge ne s'améliore pas, en dépit des efforts réalisés pour augmenter leur niveau de formation.

La fenêtre d'âge comprise entre 16 et 24 ans capte les huit premières années d'activité de ceux qui quittent l'école à 16 ans, mais seulement les quatre premières années de ceux qui la quittent à 20 ans et les tout premiers mois de ceux qui la quittent à 24 ans. Au bout du compte, le taux de chômage des actifs de 16 à 24 ans est à chaque date une moyenne pondérée, qui accorde un poids maximal à la situation moyenne des jeunes sortis de l'école à 16 ans (cette moyenne prenant en compte leurs huit premières années d'activité) et un poids huit fois plus faible à la situation moyenne de ceux qui en sont sortis à 24 ans (cette moyenne reposant cette fois-ci sur leur seule première année d'activité). Il s'agit donc d'un indicateur tout à fait bancal, dont la signification change avec les politiques éducatives.

Pour bien comprendre ce qui est en jeu, supposons que, suite à une réforme scolaire, on passe d'une situation où tout le monde quitte l'école à 20 ans à une situation où une moitié de la population quitte l'école à 20 ans et l'autre moitié (celle qui réussit le mieux scolairement) à la fin de sa vingt-quatrième année. Avant la réforme, le taux de chômage des 16-24 ans représente la moyenne des taux de chômage rencontrés par l'ensemble des actifs au cours des quatre premières années de leur vie active. Après la réforme, la moitié qui réussit le mieux a disparu de la fenêtre d'âge, et le taux de chômage des 16-24 ans est désormais calculé en prenant en compte la seule moitié de ceux qui réussissent le moins bien à l'école. Dans la mesure où ceux qui éprouvent le plus de difficultés scolaires au sein de leur génération sont également susceptibles d'être ceux qui, par la suite, auront le plus de mal à trouver un travail, on a toute chance de constater une hausse du taux de chômage après la réforme. Mais cette hausse n'aura rien à voir avec cette dernière en tant que telle : elle ne fera que traduire le changement de composition du groupe des actifs de 16-24 ans, entraîné par la réforme.

De façon générale, toute réforme favorisant l'accès à l'enseignement supérieur de nouveaux publics conduit mécaniquement à accorder un poids plus important, dans le calcul du taux de chômage des jeunes, à ceux d'entre eux qui réussissent le moins bien à l'école au sein de leur génération, et ce quelle que soit la fenêtre d'âge retenue. D'où l'ambiguïté fondamentale des évaluations qui circulent aujourd'hui : elles sont condamnées à comparer des groupes représentatifs de fractions différentes de chaque cohorte, à mélanger plusieurs effets de sens opposés et à ne délivrer en définitive qu'un message ambigu quant à l'effet réel de l'accroissement du niveau de formation au fil des générations. Dans une analyse non reportée dans ce livre[1], nous avons retracé l'évolution du niveau de formation *relatif* du groupe des jeunes actifs de 15 à 24 ans, au fil des générations sorties de

1. Voir D. Goux et É. Maurin, 2007, art. cit.

l'école avant et après la démocratisation de la fin des années 1980. Ce travail démontre que leur niveau relatif a bel et bien décliné de près de 50 %, alors que, dans le même temps, leur niveau absolu de formation augmentait.

Pour isoler l'effet des politiques éducatives sur l'insertion professionnelle, il faut modifier la perspective habituellement retenue. Il faut cesser de comparer des groupes d'actifs de même âge à des dates différentes pour comparer des groupes d'actifs ayant quitté l'école depuis un nombre d'années similaire, mais appartenant à des générations de naissance différentes. C'est la raison profonde de la méthode utilisée tout au long de ce chapitre. Tout le monde ne quitte pas l'école à l'âge de 16 ou 17 ans, mais tout le monde se trouve un jour ou l'autre dans la situation de la quitter ou dans la situation de *l'avoir quittée* depuis deux ou trois ans. En observant chaque génération suffisamment longtemps, il est possible de construire pour chacune un échantillon représentatif des situations qu'a rencontrées l'ensemble de ses membres (et non pas une fraction d'entre eux) à l'entrée dans la vie active. Comme j'ai essayé de l'illustrer, ce changement de perspective modifie assez radicalement le diagnostic susceptible d'être porté sur la démocratisation de l'enseignement.

La dernière grande phase de démocratisation de l'enseignement s'est déroulée en France sur une période de temps assez courte, pour l'essentiel à la fin des années 1980. En moins de dix ans, le niveau de formation des jeunes à l'entrée sur le marché du travail a fait un véritable bond en avant, grâce notamment à l'ouverture de nouvelles filières professionnelles et technologiques au lycée et dans les universités. La proportion de diplômés du supérieur passe de 22 % environ, pour la génération née en 1965, à près de 40 %, pour la génération 1975.

Ces évolutions sont aujourd'hui bien connues. Ce qui l'est beaucoup moins, c'est l'effet très positif qu'elles ont eu sur la situation professionnelle des jeunes Français. La qualité de leur insertion professionnelle a cessé de se dégrader précisément à partir des générations nées au milieu des années 1960, pour s'améliorer fortement ensuite jusqu'au point où l'effort de démocratisation a justement commencé de s'essouffler, c'est-à-dire à partir des générations nées au milieu des années 1970. Le taux de chômage dans les années suivant la sortie de l'école diminue d'environ 5 points entre les générations nées entre 1965 et 1970 avant de se mettre à diminuer beaucoup plus lentement, en même temps que l'effort éducatif se relâche.

Contrairement à une idée reçue, le boom éducatif de la fin des années 1980 a bien coïncidé avec un coup d'arrêt donné à l'enlisement de la jeunesse dans le chômage. Inversement, l'essoufflement de ce même volontarisme éducatif a été suivi d'un ralentissement très net de l'amélioration alors en cours. Ce bilan est non seulement ignoré, mais la démocratisation de l'enseignement est même aujourd'hui dénoncée comme une inflation coûteuse, inefficace, voire contre-productive et source de désillusions.

Ces choix politiques et cette défiance vis-à-vis de la démocratisation scolaire ont d'évidentes raisons idéologiques du côté des intellectuels et des experts les plus conservateurs. Ces réformes heurtent frontalement leur *a priori* sur l'inégalité naturelle entre les enfants. Mais l'idéologie n'explique pas tout. Si le scepticisme vis-à-vis de la démocratisation de l'école gagne aujourd'hui l'ensemble des observateurs de la société française, c'est également parce qu'il s'agit d'une réforme intrinsèquement difficile à cerner et à évaluer.

Toute forme de démocratisation scolaire modifie en profondeur la nature des catégories statistiques qui servent à penser et classer la jeunesse (les 16-24 ans, les jeunes diplômés, etc.), d'où une difficulté fondamentale pour l'observateur, aussi dépourvu de préjugés soit-il. Par exemple, le groupe des jeunes actifs de 16 à 24 ans n'est *pas* représentatif de la même jeunesse avant et après un effort de démocratisation de l'école. À chaque date, ce groupe n'est représentatif que d'une fraction de la jeunesse, et cette fraction se caractérise par un niveau d'aptitudes scolaires relatives de plus en plus faible au fur et à mesure que l'éducation se démocratise.

Un même raisonnement pourrait s'appliquer aux groupes de jeunes définis non par leur âge, mais par leurs diplômes. Les jeunes titulaires du baccalauréat ne sont pas du tout représentatifs de la même jeunesse avant et après une démocratisation telle que celle mise en œuvre en France dans les années 1980. Les indicateurs statistiques universellement utilisés pour juger de l'évolution de la jeunesse sont totalement inadaptés pour mesurer l'effet réel des politiques scolaires mises en œuvre. Ils comparent avant et après la démocratisation des groupes de jeunes qui – au-delà des apparences statistiques formelles – ne sont en réalité pas comparables. Les évaluations aujourd'hui ressassées offrent une vision systématiquement biaisée de l'effet des politiques scolaires.

Il existe enfin une autre raison au pessimisme ambiant. On confond systématiquement diagnostic sur l'évolution de la jeunesse en général et bilan précis de la démocratisation de l'enseignement. Reconnaître que la politique volontariste d'ouverture du lycée et des premiers cycles a eu des effets sociaux positifs ne veut pas dire que l'on adhère à une vision béatement optimiste de l'évolution de la jeunesse au fil du temps. La situation des jeunes à la sortie de l'école s'est terriblement détériorée entre les générations nées à la fin des années 1950 et celles du début des années 1960, *avant* la montée en charge de la démocratisation du lycée et de l'université, sous les coups de boutoir des chocs pétroliers et dans un contexte de très forte hausse du coût minimum d'une embauche. Les véritables perdants de l'après-guerre ne sont d'ailleurs pas les jeunes nés au milieu des années 1970, qui ont aujourd'hui une trentaine d'années, mais ceux du début des années 1960, nés trop tôt pour avoir bénéficié de l'ouverture du lycée, mais assez tard pour avoir subi le brutal durcissement du marché du travail de la fin des années 1970. Si les générations les plus récentes ne sont pas moins exposées au chômage que celles d'après-guerre, c'est qu'il leur faut s'insérer sur un marché du travail devenu beaucoup plus sélectif et briguer des emplois dont la rémunération minimale a été multipliée par trois en termes réels. La démocratisation de l'école n'est pour rien dans cette évolution-là.

CHAPITRE VII

De la nature des bénéfices de l'expansion éducative

L'école apporte un ensemble d'atouts absolument cruciaux pour prendre place dans la société et sur le marché du travail. Mais beaucoup s'interrogent sur la nature réelle de ces avantages et se demandent si nous n'avons pas dépassé le seuil au-delà duquel poursuivre des études cesse d'être un moyen d'acquérir des compétences nouvelles pour devenir un simple enjeu de distinction : le marqueur d'une différence qui permet de rejoindre le groupe des salariés identifiés comme les plus performants, mais qui ne dit rien de très fiable sur leur efficacité réelle. Le capital éducatif et les titres scolaires s'apparenteraient ainsi à un simple « signal », une étiquette prestigieuse, mais potentiellement trompeuse. L'expansion et la démocratisation scolaires auraient du même coup fourni l'illusion d'un progrès bientôt démasquée par la réalité des expériences.

Il est assez fondamental de savoir si cette intuition est juste. Si tel était le cas en effet – si, par exemple, les grandes écoles françaises ne valent que par la hiérarchie instaurée par leur concours d'entrée au sein du salariat diplômé, et pas du tout pour la durée et le contenu des formations qu'elles dispensent –, on devrait alors pouvoir réaliser des économies assez considérables : un concours et rien de plus ! On pourrait également réfléchir à de sérieuses réformes de ces cursus dont la seule vocation est de produire un classement. Pour s'en tenir au cas de la France, comment faut-il interpréter l'importance décisive des diplômes pour l'insertion sur le marché du travail ? Est-elle liée à l'effet réel des formations sur l'employabilité des jeunes salariés ou à un simple effet de signal ?

Il n'est pas facile de répondre à ces questions à l'aide des outils usuels de l'économie empirique. Le problème n'est pas simplement d'identifier l'effet « causal » de l'éducation sur l'emploi et les salaires, mais également de comprendre la nature de cette causalité (meilleur signal ou contribution réellement accrue du salarié à l'activité de son entreprise), chose plus délicate encore. Les méthodes habituelles permettent, dans le meilleur des cas, de mesurer l'effet causal d'un surcroît de formation sur les carrières salariales, mais elles ne disent en général rien de précis sur la nature exacte de cet effet, sinon sous certaines hypothèses très difficiles à valider.

L'expérience de Mai 1968

Prenons le cas de Mai 1968 et des effets à long terme que les événements d'alors ont eus sur le destin des étudiants concernés. Nous avons étudié cet exemple en détail avec Sandra McNally[1]. Les événements ont considérablement

1. Voir É. Maurin et S. McNally, « Vive la révolution ! The long run effect of May 1968 on the angry students », IZA DP1504, à paraître dans le *Journal of Labor Economics,* 2005. Une version en français est disponible sur http://repid.com.

désorganisé le déroulement des examens du baccalauréat cette année-là et créé des conditions propres à en faciliter l'obtention : il fut finalement attribué à plus de 80 % des candidats, contre moins de 60 % les années précédentes. À qui ont bénéficié ces conditions de quasi-gratuité ? Aux candidats qui, sans le désordre occasionné par les événements, auraient été les plus susceptibles d'échouer et de ne pas persévérer. Une étude minutieuse des données de l'enquête Emploi confirme que les heureux élus sont plutôt nés en 1949 : ils appartenaient à la fraction des candidats qui avaient déjà un an de retard au printemps 1968, celle qui aurait très probablement quitté le système en cas de nouveau redoublement. Les données indiquent également que ces élus appartenaient pour l'essentiel aux nouveaux publics des lycées de l'époque, c'est-à-dire les enfants des classes moyennes (artisans, commerçants, techniciens). À la fin des années 1960, l'immense majorité des jeunes issus des milieux populaires (enfants d'ouvriers ou agriculteurs) n'allait pas jusqu'au baccalauréat, et les candidats les moins armés pour persévérer en cas d'échec appartenaient bel et bien aux classes moyennes. Quand on compare les jeunes issus de ces classes moyennes, nés en 1949, avec les jeunes nés la même année, mais dans un autre milieu social, on constate, chez les premiers, un accroissement très significatif de la proportion relative d'individus ayant poursuivi leurs études à l'université. De façon intéressante, on observe également qu'ils eurent, par la suite, de meilleures rémunérations et un meilleur accès aux postes d'encadrement, signe d'un effet causal de la fréquentation de l'université sur les carrières professionnelles ultérieures. Bref, les enfants des classes moyennes de la génération 1949 se sont trouvés au bon endroit au bon moment par rapport aux autres membres de la même génération, et leur trajectoire relative a gardé la trace de ce coup de pouce du destin.

Cependant, dans la mesure où les employeurs n'ont pas vraiment les moyens d'identifier les personnes issues des classes moyennes au sein d'une génération particulière de salariés, le surcroît de salaire qu'ils ont pu recevoir par rapport aux autres membres de leur génération peut s'interpréter autant comme un effet de signal, une simple distinction, que comme un effet réel des formations universitaires dont ils ont plus particulièrement bénéficié. On ne peut donc pas exclure que ces petits chanceux soient tout simplement passés, aux yeux des employeurs, pour ce qu'ils n'étaient pas : des diplômés comme les autres, ni meilleurs ni moins bons que ceux qui avaient passé le bac à l'heure et sans coup de pouce, dès 1967.

D'un point de vue strictement économique et méthodologique, l'impact de Mai 1968 sur le destin des différents membres de la génération 1949 n'est qu'une « expérience naturelle », avec l'incertitude et l'imprécision qui entourent souvent ce type de protocole. L'ambiguïté fondamentale de ses enseignements ne vient toutefois pas de là : les enseignements d'une expérience de laboratoire en bonne et due forme n'auraient pas été moins ambivalents. Si l'on pouvait tirer au hasard un candidat malheureux au baccalauréat et lui accorder une formation universitaire, son éventuel surcroît de rémunération par rapport aux autres candidats malheureux au bac dans la même génération ne nous apprendrait rien de très certain quant à l'effet des formations universitaires sur ses compétences réelles. Pour qu'un choc expérimental, ou quasi expérimental, comme celui de Mai 1968 délivre une information sur la nature du lien entre éducation et salaire, il faut qu'il affecte non pas un individu ou une fraction difficilement identifiable de la population de référence, mais un sous-ensemble bien identifiable du salariat, dont les employeurs ont les moyens d'évaluer à coup sûr la qualité et les contributions propres.

Revenons à l'exemple de Mai 1968, mais changeons un peu de perspective et intéressons-nous à l'ensemble des personnes nées en 1949 plutôt qu'à la seule fraction de cette génération issue des classes moyennes. Ainsi considérée comme un tout, cette génération 1949 a reçu davantage de formation universitaire que les générations nées quelques années plus tôt (en 1946, par exemple) ou quelques années plus tard (disons, en 1952). Dans la mesure où les employeurs sont à peu près capables de faire la différence entre des salariés nés en 1949 et des salariés nés en 1952 ou en 1946 (ne serait-ce que parce que les moments d'embauche, puis les niveaux d'ancienneté sont différents), un éventuel surcroît de salaire pour les personnes nées en 1949 par rapport à celles nées en 1952 ou 1946 a toutes chances de refléter un effet réel plutôt qu'un effet signal. En tout cas, les écarts salariaux entre générations distantes de quelques années sont *a priori* moins susceptibles de refléter de simples effets de signal que les écarts salariaux entre sous-groupes d'une même génération. Un examen des données, tant de l'enquête Emploi que du recensement, confirme bel et bien un pic dans les rémunérations (ainsi que dans la probabilité d'être cadre) pour la génération 1949 par rapport aux générations immédiatement antérieures ou immédiatement postérieures. En rapportant ce surcroît de salaire au supplément de formation reçu par la génération 1949, on peut évaluer à 15 % environ l'effet de chaque année de formation universitaire supplémentaire sur les salaires perçus à chaque âge. Point intéressant, cette évaluation de l'effet sur les salaires est à peu près identique à celle que l'on obtient en analysant, au fil des cohortes nées avant et après 1949, les différences entre les enfants de classes moyennes et les enfants des autres classes sociales. Dans la mesure où ce dernier protocole est, nous l'avons vu, *a priori* beaucoup plus sensible aux effets de signal, la similitude entre les deux évaluations suggère que de tels effets sont en réalité, dans le cas d'espèce, assez faibles par rapport aux effets réels sur les compétences. Autrement dit, les chanceux de 68 ne sont pas des imposteurs : un accident de l'histoire leur a simplement permis de capitaliser et de valoriser des compétences qu'ils n'auraient sans doute pas pu acquérir en d'autres circonstances.

Il ne faut pas chercher à tirer des événements de Mai 1968 davantage de leçons qu'ils n'en contiennent réellement. Il n'en demeure pas moins que tout événement ou toute politique augmentant le niveau de formation d'un groupe bien identifiable et à peu près représentatif de l'ensemble de la population salariée (une génération, par exemple) est potentiellement riche d'enseignements sur la nature de l'effet de l'éducation sur les destins professionnels.

De la faiblesse de l'effet de « signal »

Prenons un autre exemple, sans doute plus fondamental : celui de la démocratisation des lycées français analysée dans le précédent chapitre. À l'issue de cette réforme, les générations nées en 1970 ou 1975 disposent d'un niveau de formation plus élevé que la génération née en 1965, sans que l'on puisse pour autant désigner les personnes nées en 1970 ou

1975 comme intrinsèquement différentes de celles nées en 1965. Dans ce contexte, la baisse sensible du chômage d'insertion au fil des générations nées entre 1965 et 1975 s'interprète, à mes yeux, sans trop d'ambiguïté : dans la mesure où les employeurs sont capables d'identifier la contribution des personnes nées en 1965, d'une part, et celle des personnes nées en 1970 ou 1975, d'autre part, il s'agit bien d'un effet réel sur l'employabilité des jeunes, et non d'un effet transitant par un meilleur « signal » dont auraient profité les générations du début des années 1970 au détriment de celles du milieu des années 1960.

La nature des effets de la démocratisation scolaire se révèle aussi, je pense, de façon assez claire à l'examen de l'évolution de la situation des diplômés des grandes écoles françaises. Rappelons-le, ces diplômés représentent une population doublement sélectionnée : ils ont tout d'abord réussi à être admis en classe préparatoire à la fin du lycée (seuls les tout meilleurs dossiers sont acceptés) et ont ensuite été suffisamment bien classés à au moins l'un des concours d'entrée pour intégrer l'une d'entre elles. Le diplôme dont ils sont titulaires représente donc un signal de qualité très fort pour les employeurs, et on peut légitimement se demander si ce n'est pas finalement la seule explication au fait qu'ils reçoivent des salaires presque deux fois plus élevés que la moyenne des autres salariés. Mais si cette hypothèse était juste, si la valeur des grandes écoles tenait ainsi uniquement à ce signal, le surcroît de salaire reçu par les diplômés n'aurait pas varié au fil des générations d'après-guerre (disons 1946-1964). En effet, durant toute cette période, le système des grandes écoles est resté presque complètement à l'écart du mouvement de démocratisation qui traversait le reste du système éducatif. Entre la génération née en 1946 et celle née en 1964, la proportion de garçons diplômés d'une grande école (au sens large) est restée voisine de 4 %, et celle des filles de 1 % [1]. Tout au long de cette période, un strict *numerus clausus* a maintenu la même petite élite scolaire au sommet de la hiérarchie tandis qu'un lent, mais puissant mouvement de démocratisation élevait le nombre d'années d'études et le niveau de formation technique de la majorité des autres enfants (et particulièrement des enfants d'agriculteurs et d'ouvriers). Dans un tel contexte, si seul comptait le signal, sa qualité étant exactement la même pour les diplômés des grandes écoles nés en 1964 et pour ceux nés en 1946, les salaires relatifs reçus par les diplômés de 1964 ne devraient pas être plus faibles que ceux reçus par les diplômés de 1946. Or, nous l'avons vu, ce n'est pas du tout ce que l'on observe : au fur et à mesure que le niveau de formation du commun des mortels s'est rapproché de celui des élèves des grandes écoles, le surcroît de salaire reçu par ces derniers a nettement diminué. Cette évolution à long terme semble difficilement compatible avec une interprétation de l'éducation comme simple signal pour les employeurs.

Il existe d'autres façons, plus directes encore, de démontrer la fragilité de cette thèse. Dans un article récent, John Altonji et Charles Pierret révèlent, par exemple, qu'au fur et à mesure que les salariés gagnent en expérience sur le marché du travail, leurs salaires dépendent de moins en moins des informations les plus faciles à acquérir sur leur productivité potentielle (comme l'éducation) et de plus en

1. Dans les générations suivantes, la proportion de diplômés des grandes écoles croît légèrement, essentiellement du fait de sa féminisation d'ailleurs (+ 2 points de filles entre les générations 1964 et 1974).

plus étroitement des informations difficiles, voire impossibles à se procurer (comme le résultat à des tests confidentiels d'aptitude au service militaire). Au bout de quelques années, les différences de salaires au sein d'une entreprise se laissent ainsi mieux prédire par les résultats à des tests d'aptitude que personne n'a jamais pu consulter que par les diplômes que les employés ont pu faire valoir auprès de leur employeur [1]. À supposer qu'ils existent vraiment, le travail de J. Altonji et C. Pierret suggère ainsi que les effets de signal ont une durée de vie assez courte, la vie professionnelle agissant comme un puissant et rapide révélateur des qualités réelles de chacun aux yeux des employeurs. Arnaud Chevalier et ses collègues parviennent aux mêmes conclusions que J. Altonji et C. Pierret, en travaillant sur des données retraçant les inégalités de salaires au fil des carrières en Angleterre [2].

La guerre des classements a-t-elle eu lieu ? Les cas anglais et américain

Si l'enjeu pour les familles était avant tout que leur enfant finisse le mieux classé possible, tout surcroît de formation accordé à une partie de la population aurait dû entraîner

1. Voir John Altonji et Charles Pierret, « Employer Learning and Statistical Discrimination », *Quarterly Journal of Economics*, vol. 116, (1), 2001, p. 313-350.

2. Arnaud Chevalier, Colm Harmon, Ian Walker and Yu Zhu, « Does Education Raise Productivity or Just Reflect it ? », *Economic Journal,* vol. 114, novembre 2004, p. F499-F517.

un surcroît d'investissement scolaire chez ceux qui se trouvaient, initialement, juste au-dessus dans la hiérarchie scolaire et sont soudain menacés de déclassement. Par exemple, si le niveau d'éducation représentait avant tout une façon de se distinguer sur le marché du travail, toute hausse de l'âge minimum de fin d'études aurait dû entraîner non pas un simple écrasement du bas de la hiérarchie quant au nombre d'années passées à l'école, mais un accroissement général des durées de scolarisation, chaque groupe social essayant de maintenir à bonne distance celui situé immédiatement au-dessous de lui dans la hiérarchie des niveaux scolaires. Cette idée a servi de fil directeur à plusieurs études dans de nombreux pays, notamment en Grande-Bretagne.

De fait, l'une des réformes de la scolarité obligatoire ayant eu l'effet le plus massif eut lieu en Angleterre en 1947, date à laquelle l'âge minimum passa de 14 ans à 15 ans. À cette époque, la très grande majorité des jeunes Anglais quittaient l'école à 14 ans, et la réforme concerna donc un nombre très important de familles. Dans une analyse détaillée de la période, Ph. Oreopoulos démontre que la proportion d'élèves quittant l'école avant 15 ans passa d'environ 60 % avant 1947 à moins de 10 % après[1]. Point crucial, son analyse ne révèle aucune inflexion dans l'évolution de la proportion de ceux qui quittaient l'école avant 16 ans. Le choc est resté circonscrit et n'a entraîné aucun accroissement des durées d'études pour ceux qui, avant la réforme, allaient déjà à l'école jusqu'à 15 ans au moins. Ph. Oreopoulos a également

1. Voir Philip Oreopoulos, « Estimating Average and Local Average Treatment Effects of Education when Compulsory School Laws Really Matter », *American Economic Review*, vol. 96, nº 1, mars 2006, p. 152-175, ainsi que « The Compelling Effects of Compulsory Schooling : Evidence from Canada », *Canadian Journal of Economics*, vol. 39, nº 1, février 2006, p. 22-52.

analysé les réformes de l'âge minimum de scolarisation dans les différents États américains et provinces canadiennes. Le constat est similaire : lorsqu'une province ou un État augmente son âge minimum de scolarisation, on n'y décèle, après la réforme, aucune évolution particulière des durées de scolarité dans les groupes qui, auparavant, allaient déjà au-delà de la scolarisation obligatoire.

Il est légitime de se demander si ces résultats ne sont pas un peu datés et s'ils restent valides dans des périodes de chômage et de tensions du marché du travail plus intenses que dans l'immédiat après-guerre. Dans l'étude déjà citée, A. Chevalier et ses collègues analysent une réforme anglaise beaucoup plus tardive que celle de 1947 : celle qui, en 1972, augmenta l'âge minimum de fin de scolarité de 15 à 16 ans. L'effet fut, là encore, très net, immédiat, mais circonscrit : juste avant la réforme, 25 % de chaque génération quittait l'école à 15 ans ; après la réforme, ces 25 % la quittent à 16 ans, sans que cela n'entraîne de modification dans les décisions des autres groupes d'élèves. Le groupe d'enfants qui, auparavant, quittait l'école après l'âge de 15 ans se distribue à peu près exactement dans les mêmes proportions entre ceux qui la quittent à 16 ans, 17 ans, etc. Les catégories d'élèves qui quittaient l'école à 16 ans ou 17 ans ont donc été rattrapées par ceux qui la quittaient à 15 ans sans que cela ne provoque de modification de leurs parcours scolaires ni d'investissement supplémentaire dans l'éducation de leur part. De nouveau, ce n'est pas ce à quoi on aurait assisté si la valeur de l'éducation résidait surtout dans le signal qu'elle adresse aux employeurs, car ceux que la réforme menaçait de déclassement auraient alors modifié significativement leur comportement scolaire.

Kelly Bedard a récemment proposé un test d'une version un peu différente de la même idée selon laquelle l'éducation représente une stratégie de signal pour les familles[1]. Pour les besoins de son analyse, elle découpe le système scolaire américain en trois niveaux : supérieur, secondaire achevé et secondaire inachevé (disons les « sans diplôme », pour simplifier). Puis elle raisonne de la façon suivante : si les familles sont réellement sensibles à la valeur de signal de l'éducation, alors tout effort de développement de l'enseignement supérieur doit paradoxalement s'accompagner d'un accroissement de la proportion de ceux qui sortent sans diplôme du système éducatif, au détriment de ceux qui en sortent munis d'un diplôme du secondaire. En effet, lorsque l'enseignement supérieur se développe, la valeur de signal d'un diplôme du secondaire décroît. Dans le cas français, quand les formations universitaires se multiplient, la valeur de signal d'un simple bac diminue. Alors, une frange de ceux qui avaient jusqu'ici intérêt à pousser jusqu'à ce type de diplôme peut s'en trouver découragée et sortir du système avant même d'avoir achevé le cursus secondaire. Pour la France, cette idée permettrait de comprendre pourquoi le très fort développement des diplômes du supérieur va de pair avec une grande difficulté à résorber le noyau dur de ceux qui quittent l'école sans qualification aucune : l'incitation à persévérer dans le secondaire décroît au fur et à mesure que le supérieur se banalise. Pour tester son idée, K. Bedard considère un échantillon de jeunes Américains nés à la fin des années 1960 et compare les proportions de

1. Voir Kelly Bedard, « Human Capital Versus Signaling Models : University Access and High School Dropouts », *Journal of Political Economy*, 190 (4), 2001, p. 749-775.

sorties précoces du système scolaire selon que l'enfant réside ou non dans un district où une université est installée. Les données disponibles suggèrent effectivement un léger surcroît de départs sans qualification dans les districts universitaires par rapport aux districts non universitaires (21,5 % contre 19 %). Elles sont donc cohérentes avec l'hypothèse d'un léger effet de signal sur les familles modestes. L'une des faiblesses du test mis en œuvre par K. Bedard tient toutefois à ce qu'elle raisonne sur une photographie du territoire en l'interprétant comme un film. Il n'est pas certain que son résultat résisterait à une approche dynamique où l'on comparerait les districts avant et après l'introduction d'une université, dans l'esprit des travaux de Ph. Oreopoulos sur la durée minimum de scolarisation. Le passage d'une analyse statique à une analyse dynamique atténue souvent sensiblement les effets estimés (qui, dans le cas de K. Bedard, sont déjà assez faibles).

La difficulté à trouver une trace très nette des luttes de classements scolaires entre familles tient, peut-être, au fait que les expériences naturelles disponibles pour éclairer cette question nous renseignent essentiellement sur les comportements des familles les plus modestes. Il est plausible que la réactivité aux enjeux de classement soit plus forte au sommet de la pyramide sociale, qui, à ma connaissance, reste encore très mal exploré. Soulignons toutefois que, même s'il était avéré que certaines familles considèrent la compétition scolaire comme une pure lutte de classement, cela n'exclurait pas la possibilité que l'éducation ne vaille *in fine*, sur le marché du travail, que par le capital de compétences et d'aptitudes qu'elle permet d'accumuler.

Bénéfices sociaux de l'éducation

Tout au long de ce livre, nous nous sommes intéressés à la diffusion de l'éducation comme moyen d'améliorer les salaires ou l'accès à l'emploi des personnes bénéficiant directement de cette diffusion et comme instrument de réduction des inégalités de destin. Il s'agit évidemment d'une vision assez étroite. La démocratisation de l'enseignement est susceptible de modifier la société bien plus en profondeur. Dans la mesure où les membres d'une société interagissent les uns avec les autres et où la qualité de ces interactions est fonction de leur niveau d'éducation, on peut attendre de la démocratisation scolaire qu'elle ait des effets bien au-delà des seuls groupes bénéficiaires. Il est par exemple légitime d'imaginer que l'expansion scolaire bénéficie non seulement à ceux à qui elle permet d'aller plus longtemps à l'école, mais également, du fait de l'intensité des interactions au sein des familles, à leurs propres *enfants*.

Deux chercheurs de l'université de Californie, Janet Currie et Enrico Moretti se sont penchés sur cette question, en analysant les données administratives décrivant l'ensemble des naissances survenues aux États-Unis entre 1970 et 1999[1]. Confirmant les résultats de plusieurs études antérieures, ils démontrent tout d'abord qu'à la naissance de leur premier enfant, les jeunes mères ont un niveau de formation

1. Janet Currie et Enrico Moretti, « Mother's Education and the Intergenerational Transmission of Human Capital : Evidence from College Openings », *Quarterly Journal of Economics*, 118 (4), 2003. Ils concentrent leurs analyses sur les aînés, de manière à éviter d'avoir à prendre en compte l'effet du rang de naissance des enfants.

d'autant plus élevé qu'elles ont achevé leur scolarité secondaire dans un district où se trouvait installée une université[1]. La construction d'établissements d'enseignement supérieur aux États-Unis a connu, pendant les années 1960 et 1970, un véritable boom, et ces investissements ont permis un accroissement considérable des niveaux de formation à travers le pays, notamment pour les jeunes femmes. La nouveauté de l'analyse de J. Currie et E. Moretti est de démontrer que la probabilité de mettre au monde un enfant à terme plutôt que de manière prématurée (ainsi que la probabilité de mettre au monde un enfant de poids normal plutôt que de poids inférieur à la normale) est également significativement plus forte pour les mères dont la scolarité secondaire s'est déroulée à proximité d'une université. Dans la mesure où grandir à côté d'une université a essentiellement affecté le niveau de formation des mères, ce résultat fournit un indice extrêmement probant de l'effet bénéfique exercé par la fréquentation de l'enseignement supérieur sur la santé des enfants que les femmes mettent au monde plus tard au cours de leur vie. Selon les calculs de J. Currie et E. Moretti, chaque année supplémentaire passée dans l'enseignement supérieur diminue de 10 % les risques ultérieurs de grossesse avec mise au monde prématurée, et de 6 % les risques de nouveau-nés à faible poids. Les données disponibles permettent d'identifier certains des mécanismes à l'œuvre. Elles révèlent par exemple que les jeunes mères ayant grandi près d'une université recourent plus souvent

1. Voir David Card, « Using Geographic Variation in College Proximity to Estimate the Return to Schooling », *in* Louis N. Christofides, E. Kenneth Grant et Robert Swidinsky (éd.), *Aspects of Labor Market Behaviour: Essays in Honour of John Vanderkamp*, Toronto, University of Toronto Press, 1995.

aux services d'aide prénatale. Ces mères sont également moins souvent fumeuses au moment de la naissance de leur premier-né.

Comme ces comportements sont une conséquence du niveau de formation que la proximité d'une université leur a permis d'acquérir, on peut estimer qu'une année supplémentaire dans l'enseignement supérieur réduit de près de 30 % la probabilité que la mère soit fumeuse au moment de la naissance de son premier enfant.

Éducation et criminalité

Un autre domaine où l'expansion scolaire produit des effets bien au-delà du seul groupe de ses bénéficiaires est celui de la criminalité. Une société mieux formée est une société globalement moins criminelle, avec tout ce que cela signifie de coûts épargnés pour la collectivité, y compris pour ses membres les moins diplômés. L'une des démonstrations les plus récentes et les plus convaincantes de ce lien entre expansion scolaire et réduction de la criminalité a été donnée par Lance Lochner et Enrico Moretti[1].

Analysant les derniers recensements conduits aux États-Unis, les deux chercheurs mettent tout d'abord en évidence une corrélation très forte entre le niveau de formation d'une personne et sa probabilité d'être incarcérée. Par exemple, en

1. Voir Lance Lochner et Enrico Moretti, « The Effect of Education on Criminal Activity : Evidence from Prison Inmates, Arrests and Self-Reports », *American Economic Review*, 94 (1), 2004.

1980, dans la population masculine noire américaine, 4,1 % des personnes sans diplôme sont incarcérées contre 0,75 % des autres personnes noires titulaires d'au moins un diplôme du secondaire (les chiffres correspondants sont de 0,93 % et de 0,08 % pour la population blanche). La question est bien entendu de savoir si cette corrélation traduit un lien de cause à effet, si davantage d'éducation entraîne véritablement une réduction de la criminalité. On peut très bien imaginer qu'un même ensemble de facteurs familiaux ou personnels soient simultanément à l'origine de l'échec scolaire et de la délinquance, auquel cas l'échec scolaire pourrait être interprété comme un symptôme, et non comme une cause des comportements délinquants.

Pour éclairer cette question, L. Lochner et E. Moretti analysent, eux aussi, en détail les réformes ayant conduit à allonger les durées obligatoires de scolarité dans les différents États américains. Comme d'autres chercheurs avant eux, ils démontrent que ces réformes se sont accompagnées de hausses substantielles des niveaux de formation dans les États qu'elles ont concernés par rapport à ceux dont la législation restait stable. Ils révèlent également que ces politiques ne se sont, en revanche, accompagnées d'aucune modification du nombre de policiers ou des ressources allouées à la puissance publique dans les États concernés. Dans ce contexte, on peut se demander si l'on observe, malgré tout, une réduction de la criminalité et de la probabilité d'incarcération dans les États après le passage d'une réforme accroissant le niveau de formation de la population. De façon fort intéressante, la réponse est positive. Un État adoptant une loi qui oblige ses résidents à onze ou douze années d'études obligatoires voit, à la suite de cette réforme, ses taux d'incarcération baisser significativement par rapport à ceux des

États voisins ayant gardé une législation obligeant à seulement neuf ou dix années d'études obligatoires [1]. Selon les estimations de L. Lochner et E. Moretti, chaque année de formation supplémentaire diminue ainsi de 0,1 point la probabilité d'incarcération des hommes blancs et de 3,5 points celle des hommes noirs, ce qui est considérable [2]. Les deux chercheurs jugent que les coûts d'emprisonnement épargnés à la société grâce à l'éducation représentent, à eux seuls, l'équivalent de 20 % des bénéfices privés que l'éducation représente en terme de bonus salarial. Il semble ainsi que Victor Hugo voyait juste lorsqu'il prétendait qu'à chaque fois que l'on construit une école, on peut détruire une prison…

E. Moretti a exploré par ailleurs l'existence de bénéfices sociaux plus proprement économiques et directement liés à la diffusion de l'éducation. Dans une recherche récente, il montre par exemple que les gains de productivité dans une entreprise dépendent bien entendu de son secteur d'activité et des qualifications de ses employés, mais également du niveau de formation de la population de la ville dans laquelle elle est située. La productivité des établissements s'accroît d'autant plus vite qu'ils sont implantés dans des villes où les niveaux de formations augmentent vite. Ce résultat suggère que la qualité d'une activité économique est liée, non seulement à la formation des salariés qui l'exercent,

1. L. Lochner et E. Moretti produisent des analyses complémentaires à partir de données du FBI sur les délits (et non pas sur les incarcérations) qui confirment ces résultats.

2. La plus grande force de l'effet pour les Noirs n'est pas évidente à expliquer. Il s'agit peut-être d'un effet multiplicateur lié à la ségrégation raciale : former une personne noire a davantage d'effet sur la criminalité des personnes avec qui elle interagit car, du fait de la ségrégation, son exposition à un destin criminel est plus forte.

mais également à la qualité de l'environnement humain dans lequel ils évoluent[1].

Nombreux sont ceux qui aujourd'hui estiment que les surcroîts de salaire reçus par les diplômés reflètent, non le niveau de compétence que leur formation leur a permis d'acquérir, mais simplement le niveau de compétence moyen des personnes capables d'obtenir un diplôme[2]. Au fur et à mesure que l'éducation s'est diffusée dans la société, l'idée s'est ainsi répandue qu'elle n'était plus vraiment un moyen d'augmenter les qualifications réelles, mais simplement le code social pour rejoindre le groupe de salariés perçus comme le plus efficace aux yeux des employeurs (et partant le mieux récompensé).

Comme nous venons de le voir, cette vision assez pessimiste de l'éducation entre en contradiction avec l'existence de nombreux effets positifs de la diffusion de l'éducation sur le destin global des générations. Comment les périodes d'expansion scolaire pourraient-elles être suivies d'amélioration de la situation matérielle concrète de générations entières si l'éducation n'avait aucune contrepartie dans le monde réel et si elle n'était qu'un moyen de distinguer les

1. L'histoire démographique et institutionnelle (*land grant* de 1862) de certaines villes américaines les destinent à accueillir aujourd'hui un nombre plus élevé de salariés diplômés du supérieur. Dans une recherche plus ancienne, E. Moretti démontre que ces villes sont également celles où les rémunérations sont les plus fortes, tant pour le salariat peu diplômé que pour le salariat très diplômé. Voir E. Moretti, « Estimating the Social Return to Higher Education: Evidence From Longitudinal and Repeated Cross-Sectional Data », *Journal of Econometrics*, 121 (1-2), 2004.

2. Il peut s'agir de compétences acquises lors de la formation, mais tout aussi bien des compétences nécessaires pour être sélectionné dans cette formation.

meilleurs au sein de chaque cohorte ? L'idée de l'éducation comme simple signal semble également difficilement compatible avec le fait que la diffusion de l'éducation s'accompagne de changements très concrets dans les comportements des membres d'une société vis-à-vis de leurs enfants ou vis-à-vis des autres membres de cette même société. Pourquoi une société globalement plus éduquée deviendrait-elle plus soucieuse de la santé de ses enfants et, dans l'ensemble, moins violente, si les diplômes n'étaient que des parchemins indiquant qui est « bon » et qui est « médiocre » ?

Entendons-nous bien. Il n'est pas question pour moi d'exclure que l'éducation et les diplômes représentent, pour certaines familles et à certains moments du cursus scolaire, un enjeu de distinction, ni qu'au tout début des carrières, au moins, les employeurs utilisent les diplômes comme une information pertinente, indépendamment de la qualité réelle de leur titulaire. À la lumière des recherches récentes, il me paraît néanmoins tout à fait exagéré de réduire l'éducation à une simple source de bénéfices privés sans véritable contrepartie dans le monde des compétences réelles. De même, au vu des travaux disponibles, il paraît particulièrement hasardeux de prendre appui sur cette théorie du signal pour disqualifier toute poursuite de l'effort de formation des générations futures. La démocratisation de l'enseignement modifie bel et bien la capacité réelle des jeunes à faire carrière ainsi que la qualité réelle des interactions qu'ils entretiennent entre eux ou, plus tard, avec leurs enfants.

Reste maintenant à bien comprendre comment poursuivre concrètement ce processus de démocratisation de l'éducation, comment aller plus loin sans sacrifier la qualité des formations dispensées.

TROISIÈME PARTIE

Les nouveaux défis de la démocratisation scolaire

Les politiques de démocratisation de l'enseignement menées à travers le monde ont amélioré la qualité de l'insertion professionnelle des jeunes actifs au fil des générations et joué en faveur d'une plus grande fluidité sociale. Ces effets ne sont pas simples à isoler, d'autres facteurs en ont dilué les traces, mais ils sont bien réels. La remise en cause obsessionnelle de l'école de «masse» ne résiste pas à une analyse un tant soit peu serrée du destin des générations avant, pendant et après les grandes réformes éducatives.

Cela signifie-t-il pour autant qu'il faille poursuivre le mouvement «tête baissée», continuer à œuvrer sans réfléchir dans le sens d'un allongement des études, d'une ouverture toujours accrue de l'université? Ce qui était pertinent il y a vingt ou trente ans, l'est-il encore aujourd'hui? Par ailleurs, à supposer que l'on juge utile de poursuivre l'ouverture de l'enseignement secondaire et supérieur, comment exactement réaliser cet objectif? Peut-on continuer à appliquer les mêmes recettes qu'autrefois? C'est à ces deux séries de questions, plus prospectives, que les pages qui suivent vont essayer de répondre: faut-il relancer l'effort de démocratisation et, si oui, comment, par quels moyens?

Il a pu être dit récemment que, si les phases précédentes

de démocratisation scolaire avaient si bien fonctionné, c'est parce que l'économie avait offert aux nouveaux diplômés de nombreux emplois qualifiés et notamment de nombreux emplois d'encadrement. En d'autres termes, si tout a bien marché, c'est un peu par hasard... La transformation de la structure des emplois aurait finalement été le moteur accidentel de l'amélioration des destins sociaux et professionnels d'après-guerre, proposant des débouchés adaptés aux nouvelles générations de salariés qualifiés. Or, ajoute-t-on, la chance a tourné. Le cycle de transformation des emplois serait en voie d'épuisement, exposant les nouveaux diplômés aux déconvenues d'une insertion professionnelle ralentie, voire « déclassée ».

Les chapitres qui suivent vont démontrer que ce jugement est erroné. Il néglige le lien intime existant dans toute économie entre le niveau de formation des salariés qui s'y succèdent et les emplois qui s'y créent continuellement. L'économie et les technologies se transforment au fur et à mesure des afflux de nouveaux diplômés, en sorte que l'investissement éducatif reste aujourd'hui ni plus ni moins bénéfique que naguère. En ce sens, le mouvement de démocratisation peut être prolongé, les pays développés y ont même, dans l'ensemble, un intérêt de plus en plus évident[1].

Pour autant, il serait naïf de penser la poursuite de ces

1. Dans la mesure où leur croissance repose sur l'innovation et pas sur l'imitation, on peut même conjecturer que les pays aujourd'hui les plus avancés ont plus que jamais intérêt à investir prioritairement dans les formations supérieures, sauf à se retrouver bientôt eux-mêmes simples imitateurs de nouveaux leaders, indiens ou chinois. Sur ce thème, difficile à étayer empiriquement, voir par exemple, Philippe Agion, Leah Boustan, Caroline Hoxby et Jerome Vandenbussche, « Exploiting States' Mistakes to Identify the Causal Impact of Higher Education on Growth », document de travail, Harvard University, août 2005.

efforts dans le droit-fil de ce qui s'est accompli ces cinquante dernières années. L'histoire de la démocratisation scolaire ne peut être parfaitement linéaire. Elle rencontre aujourd'hui et elle rencontrera demain des difficultés inédites, notamment de financement.

En outre, ce serait une erreur de se focaliser uniquement sur les derniers étages du système scolaire (même si leur expansion demeure bien l'objectif final). Développer efficacement l'enseignement supérieur, en faire le lieu privilégié de la concurrence et de la diversification des parcours, demande de réviser en profondeur la philosophie de toute l'architecture du système scolaire, à commencer par les tout premiers étages de l'édifice. Pour mettre le plus grand nombre possible d'enfants en situation de bénéficier vraiment d'un enseignement secondaire et supérieur de qualité, il nous faut aujourd'hui agir beaucoup plus efficacement contre l'échec scolaire et les abandons précoces à l'adolescence, et, plus en amont encore, contre les retards cognitifs rapidement irrémédiables dont souffre une partie des tout-petits avant même l'entrée à l'école primaire. Ces enjeux sont indissociables de l'objectif d'expansion du supérieur et doivent être inscrits à l'agenda des réformes au même titre que le financement de l'université.

CHAPITRE VIII

L'avenir des hautes qualifications

Selon une opinion désormais largement répandue, les entreprises seraient devenues incapables d'absorber les nouveaux jeunes diplômés, sinon éventuellement en diminuant leurs salaires ou en rognant sur leur statut.

Cette intuition semble frappée au coin du bon sens, surtout dans des pays où le chômage des jeunes reste très élevé. Pourtant, même dans ces pays, elle ne s'accorde pas à la réalité des faits. Très concrètement, elle ne permet pas de comprendre la *persistance* d'inégalités considérables entre diplômés et non-diplômés face au chômage ou à la précarité. Un peu partout dans le monde, la part des diplômés s'accroît dans la population en âge de travailler, et leur situation professionnelle continue malgré tout de se renforcer par rapport aux autres salariés. L'idée que davantage de diplômés nuit aux diplômés est battue en brèche par l'observation.

Dans une étude menée avec Dominique Goux, nous ne constatons, par exemple, aucune érosion de l'avantage massif dont jouissent les personnes les plus qualifiées sur le marché du travail français entre le début des années 1990 et celui des années 2000, au plus fort précisément de l'afflux de nouveaux diplômés dans ce pays. Tout au long de ces

TABLEAU 2. Évolution de l'emploi et du chômage par diplôme et par sexe en France, 1993-2000

	Part dans l'emploi		*Taux de chômage*	
	1993	2000	1993	2000
Hommes				
Aucun diplôme	11.4	9.7	16.2	16.3
CAP, BEP	29.9	26.2	8.2	7.4
Bac. ou équivalent	6.2	7.5	7.1	7.1
Bac + 2	4.8	6.3	7.1	5.1
> Bac + 2	6.2	7.7	5.0	4.7
Femmes				
Aucun diplôme	6.0	5.2	22.3	22.5
CAP, BEP	20.1	17.5	13.1	12.3
Bac. ou équivalent	5.9	7.2	11.8	10.6
Bac + 2	5.8	7.2	7.0	5.4
> Bac + 2	3.7	5.5	7.2	6.8
Total	*100*	*100*	11.1	10.0

Source : (Goux et Maurin, 2001), Enquêtes Emploi, 1993 et 2000, INSEE. Champ : salariat.

TABLEAU 3 : Évolution des salaires et des coûts du travail par sexe et diplômes, 1993-2000

	Salaires relatifs		*Coûts relatifs*	
	1993	2000	1993	2000
Hommes				
Aucun diplôme	1.12	1.22	1.14	1.26
CAP, BEP	1.37	1.33	1.37	1.41
Bac. ou équivalent	1.76	1.59	1.74	1.67
Bac + 2	1.89	1.70	1.88	1.81
> Bac + 2	2.63	2.30	2.58	2.49
Femmes				
Aucun diplôme	1	1	1	1
CAP, BEP	1.25	1.07	1.24	1.11
Bac. ou équivalent	1.38	1.36	1.39	1.41
Bac + 2	1.72	1.54	1.71	1.64
> Bac + 2	2.08	1.89	2.08	2.04

Source : (Goux et Maurin, 2001) Enquêtes Emploi, 1993 and 2000, INSEE.
Champ : salariat.
Lecture : Les salaires et les coûts des femmes sans diplôme sont pris comme unité de référence.

années, le taux de chômage des diplômés du supérieur est resté trois à quatre fois plus faible que celui des personnes non diplômées (environ 5 % pour les uns, 16 % pour les autres, chez les hommes, voir tableau 2) [1].

À besoin de main-d'œuvre inchangé, l'accroissement très brutal de la proportion de diplômés dans la population active au cours de cette période aurait dû mécaniquement accroître la difficulté des diplômés à trouver une place dans les entreprises. Rien de tel n'apparaît dans les données.

Les transformations de l'emploi

Comment rendre compte de ce paradoxe ? Une explication possible serait que le coût du travail qualifié ait baissé pour les employeurs, en même temps qu'il se banalisait. Mais ce n'est pas non plus ce qui s'est produit. La différence entre les coûts d'embauche des diplômés et des non-diplômés (salaires et charges compris) est en fait restée très stable pour les employeurs français tout au long de cette période : le coût d'un emploi occupé par un homme diplômé du supérieur est en moyenne deux fois et demie celui d'un homme sans diplôme, au début des années 1990 comme au début des années 2000.

Plus nombreuses à concourir pour un emploi, les personnes diplômées n'ont pas vu pour autant le « prix » de leurs qualifications s'affaiblir par rapport à celles des personnes non

1. D. Goux et É. Maurin, « Les nouvelles technologies et l'évolution récente de la demande de travail par qualification », in *Inégalités économiques*, rapport pour le Conseil d'analyse économique, n° 33, La Documentation française, 2001, p. 355-373.

diplômées[1]. Pourtant, dans ce contexte, la difficulté rencontrée par chacune d'elles pour trouver ou garder un emploi aurait dû s'accroître. À l'inverse, moins nombreux et pas plus «chers», les salariés les moins diplômés auraient dû voir leur taux de chômage reculer. Si, seule, était entrée en ligne de compte l'évolution des coûts d'embauche et du nombre de bras disponibles, on aurait dû mécaniquement assister à une baisse du chômage des personnes les moins diplômées par rapport aux diplômées. Or, de nouveau, ce n'est pas le scénario auquel nous avons assisté.

De fait, l'explication de la persistance du chômage des non-diplômés ne se trouve pas du côté de l'évolution de leur nombre ou de leur coût, mais du côté des entreprises et de leurs besoins de compétences. Les technologies et les organisations se sont profondément transformées au profit du travail qualifié au fur et à mesure qu'il affluait sur le marché.

On le sait, les emplois forment un tissu en perpétuel renouvellement, voyant chaque année la destruction d'au moins 4 % ou 5 % d'entre eux et leur remplacement par un volume tout aussi important de nouveaux emplois. Dans une période de stabilité des coûts du travail et d'augmentation du niveau de qualification de la population, la permanence du chômage des personnes les moins qualifiées indique que ce mouvement de créations/destructions se fait au profit de nouveaux emplois qualifiés et au détriment d'anciens emplois moins qualifiés. Les entreprises changent, adaptent sans cesse leurs produits et leur façon de produire. Ces évolutions sont aujourd'hui plus que jamais favorables aux personnes les plus formées: ce n'est pas de moins de diplô-

1. C'est sans doute, en partie, lié à la politique de baisse des charges, ciblée sur les emplois peu qualifiés au cours de cette période.

més, mais de plus de diplômés dont les entreprises ont besoin pour évoluer et s'adapter.

L'apparition de changements technologiques et organisationnels intrinsèquement favorables aux personnes les plus qualifiées est relativement récente en France. Une étude plus ancienne, portant essentiellement sur les décennies 1970 et 1980, ne constatait aucune véritable trace de ce phénomène[1]. La hausse de l'emploi relatif des personnes les plus diplômées au cours des décennies 1970-1980 pouvait très simplement s'interpréter comme la conséquence de l'évolution de la demande de biens et de services en faveur des secteurs requérant le plus de travail qualifié. Déclin des industries traditionnelles, comme le textile (très faiblement qualifiée) et montée des services aux entreprises (souvent très qualifiés), tel était à l'époque le principal moteur de la hausse de la demande de travail qualifié dans l'économie française. Ce n'est plus le cas aujourd'hui. Ces déplacements sectoriels de l'activité et des emplois existent toujours, mais ils se sont essoufflés. Ils laissent la place à des transformations beaucoup plus intimes du tissu des entreprises, atteignant le cœur même de leur organisation.

Un examen approfondi des différents secteurs d'activité confirme que c'est au sein des secteurs où les nouvelles technologies de l'information se diffusent le plus vite que le rythme auquel les personnes les plus diplômées se substituent aux moins diplômées est le plus rapide. De nombreuses activités de gestion et d'administration ont été progressivement informatisées au sein des entreprises. Elles

1. D. Goux et É. Maurin, « The Decline in the Demand for Unskilled Labor », *The Review of Economics and Statistics*, vol. 82 (4), 2000, p. 596-607.

étaient exercées par des personnes faiblement qualifiées, dont les emplois se sont progressivement raréfiés. À l'opposé les activités d'études, de communication ou de commercialisation, typiquement confiées aux personnes les plus qualifiées, se développent. En se substituant aux activités les plus routinières et en apportant une efficacité inédite pour l'accomplissement des activités les moins facilement programmables, les nouvelles technologies dopent la demande des entreprises pour les personnes les plus formées et les détournent des autres salariés[1].

Aux États-Unis, cette transformation de l'emploi au sein des différents secteurs d'activité a été constatée beaucoup plus tôt qu'en France, de même que l'avantage croissant dont jouissent les personnes les mieux formées sur le marché du travail. Un débat bien plus dense s'y est également engagé sur la nature exacte de ce phénomène, la question étant de bien séparer ce qu'il doit aux changements technologiques d'une part, et aux évolutions institutionnelles, d'autre part[2]. Dans un premier temps, jusqu'au début des années 1980, l'affaiblissement du rôle des syndicats et la baisse du salaire minimum réel ont incontestablement fragilisé la situation des salariés américains les moins formés. La chute de leurs rémunérations dans les années 1970 et

1. Pour les États-Unis, voir David Autor, Frank Levy et Richard Murnane, « The Skill Content of Recent Technological Change : an Empirical Exploration », *The Quarterly Journal of Economics*, vol. 118, Issue 4, 2003. Pour la France, voir Éric Maurin et David Thesmar, « Change in the Functional Structure of Firms and the Demand Fot Skill », *Journal of Labor Economics*, 22 (3), 2004, p. 639-664. Pour l'Allemagne, voir Alexandra Spitz-Oen, « Technical Change, Job Tasks and Rising Educational Demands : Looking Outside the Wage Structure », *Journal of Labor Economics*, 24 (2), 2006, p. 235-270.

2. Voir par exemple David Autor, Lawrence Katz et Melissa Kearney, « Trends in US Wage Inequality : Revising the Revisionists », document de travail, Harvard University, janvier 2007.

1980 ne s'explique ainsi sans doute pas seulement par leur inadaptation aux évolutions technologiques, mais également par un affaissement des institutions qui les protégeaient.

Dans le même ordre d'idées, de nombreux chercheurs restent intrigués par le fait que la hausse des inégalités de rémunérations entre personnes diplômées et non diplômées est surtout perceptible aux États-Unis ou au Royaume-Uni, et beaucoup moins dans les pays d'Europe continentale comme la France ou l'Allemagne. Si le facteur technologique était à ce point primordial, disent-ils, on devrait pourtant assister à des déformations similaires de la distribution des salaires dans l'ensemble des pays industrialisés. Pour comprendre cet autre paradoxe, il est nécessaire d'adopter une perspective un peu plus large sur les inégalités : elles ne se déclinent pas seulement dans la dimension des rémunérations versées chaque année aux salariés, mais également du point de vue de la stabilité des emplois qu'on leur offre. Or, cette seconde dimension, celle de la protection des emplois et des statuts, est devenue particulièrement cruciale en Europe continentale.

La montée des inégalités de statut

La régénération permanente du tissu des entreprises se fait au détriment des salariés les moins qualifiés, non seulement parce que leur exposition au chômage ne recule pas, mais également parce qu'elle s'accompagne d'un effritement de leur statut, d'une précarisation progressive de leurs emplois, c'est-à-dire d'une plus grande incertitude sur l'avenir. En

France, et plus largement en Europe continentale, l'offre et la demande de travail ne s'ajustent pas uniquement, ni même peut-être principalement, par l'intermédiaire de hausses ou de baisses de salaire, mais par le biais de changements dans le degré relatif de protection des emplois, c'est-à-dire dans la distribution des statuts et des rapports à l'avenir : lorsque les technologies et les organisations évoluent en faveur d'une catégorie particulière de salariés, ce sont tout autant leur statut dans l'emploi que leur salaire qui se voient renforcés par rapport à ceux des autres. Inversement, quand une catégorie de salariés voit se raréfier ses débouchés professionnels, c'est à des postes moins protégés, plus faciles à détruire qu'il leur faut se résigner. Les mêmes dynamiques qui, aux États-Unis, se traduisent par une augmentation des salaires relatifs des personnes diplômées se concrétisent en France par une amélioration de leurs statuts relatifs, c'est-à-dire de la protection dont jouit leur emploi par rapport à ceux des autres salariés.

Cette réalité ressort particulièrement clairement d'une étude comparative menée récemment avec D. Goux et deux collègues nord-américains, dans laquelle nous analysons l'évolution de l'exposition des salariés au chômage et aux emplois précaires entre 1990 et 2002 en France et aux États-Unis [1]. Sur cette période, l'exposition aux contrats de travail précaires s'accroît au sein du salariat français, mais cet

1. Voir Thomas DiPrete, Dominique Goux, Éric Maurin et Amélie Quesnel-Vallée, « Work and Pay in Flexible and Regulated Labor Markets : A Generalized Perspective on Institutional Evolution and Inequality Trends in Europe and the United States », *Research on Stratification and Social Mobility*, vol. 24 (3), 2006, p. 311-332. Voir également Éric Maurin et Pauline Givord, « Changes in Job Security and their Causes : an Empirical Analysis for France, 1982-2002 », *European Economic Review*, vol. 48 (3), 2004, p. 595-615.

accroissement est beaucoup plus rapide pour les personnes les moins diplômées. En douze ans, la probabilité relative d'être employé sur contrat à durée limitée s'accroît d'environ 20 % pour les non-diplômés par rapport aux bacheliers, et de 60 % par rapport aux diplômés du supérieur. Par ailleurs, au sein même du noyau de salariés disposant d'un contrat à durée indéterminée, on constate une baisse de l'ancienneté dans l'emploi plutôt plus forte pour les personnes les moins diplômées que pour les diplômées. Les premières sont de moins en moins en situation d'accumuler de l'ancienneté dans leur entreprise, et donc de plus en plus souvent en première ligne lors des restructurations. Au cours de cette période, de quelque manière que l'on prenne les choses, la situation des salariés français les moins formés vis-à-vis de l'emploi s'est fragilisée par rapport à celle des personnes les plus formées. L'emploi s'est fragmenté, les relations d'emploi se sont précarisées, mais, avec le recul, ce sont bien les personnes les moins diplômées qui ont été le plus durement atteintes et déstabilisées par ces évolutions. Aux États-Unis, en revanche, rien de comparable. On n'observe pas vraiment de tendance générale à la hausse des emplois précaires, les inégalités devant les emplois instables entre personnes qualifiées et non qualifiées demeurant beaucoup moins marquées qu'en France.

Les marchés du travail américain et français s'ajustent aux mêmes chocs, et cette adaptation se fait aujourd'hui très nettement en faveur des mêmes salariés dans les deux pays, à savoir les plus diplômés. Pour autant, les deux sociétés ne tolèrent pas le même type d'inégalités : inégalités de salaires aux États-Unis, inégalités de statuts de l'autre côté de l'Atlantique, et c'est ce qui obscurcit les comparaisons un peu rapides.

Une étude menée avec Fabien Postel-Vinay sur les différentiels de salaires et de protection de l'emploi dans treize pays développés confirme ce diagnostic et en généralise la portée [1]. Les pays où les inégalités de salaires entre diplômés et non-diplômés sont les moins fortes sont également ceux où les inégalités devant la sécurité de l'emploi sont les plus faibles. Chaque société ne valorise pas exactement les mêmes avantages: privilèges salariaux ici, privilèges statutaires là. Les tensions sur le marché du travail n'en aboutissent pas moins partout au même avantage croissant pour les mieux formés. Dès lors que l'on adopte un point de vue suffisamment général sur les relations d'emploi, la situation des salariés les plus diplômés semble un peu partout se renforcer, malgré leur augmentation. Ces observations tranchent encore une fois avec le pessimisme de ceux qui prophétisent la dévalorisation des diplômes.

La polarisation des emplois

La situation des diplômés du supérieur se renforce désormais non plus seulement par rapport aux non-diplômés, mais également par rapport aux diplômés du secondaire: là réside le seul véritable changement survenu ces dernières années.

Ainsi, aux États-Unis, la tendance récente la plus marquante n'est pas celle d'une fragilisation des relations d'emploi, mais d'une *polarisation* croissante en deux groupes: d'un côté, les emplois occupés par les diplômés de l'univer-

1. Voir Éric Maurin et Fabien Postel-Vinay, « The European Job Security Gap », *Work and Occupations*, vol. 32 (2), 2005, p. 229-252.

sité, de mieux en mieux rémunérés, et, de l'autre, les emplois occupés par les personnes sans qualification et celles qui disposent d'une qualification intermédiaire dont les salaires sont en perte de vitesse[1]. Jusqu'à la fin des années 1980, les qualifications intermédiaires perdaient du terrain par rapport aux qualifications supérieures, mais en gagnaient par rapport aux qualifications les plus faibles. Depuis cette date, elles continuent d'en perdre par rapport aux qualifications supérieures, mais n'en gagnent plus par rapport aux qualifications les plus faibles. Les personnes de qualification intermédiaire semblent désormais à leur tour victimes de la capacité des nouvelles technologies à se substituer aux activités les plus programmables. Les ordinateurs progressent continuellement. Leur diffusion simplifie de plus en plus considérablement l'exécution des tâches reposant sur l'application de règles connues à l'avance, aussi complexes soient ces activités. Ces tâches correspondent de plus en plus à ce qui faisait le cœur du métier de nombreux salariés de niveau intermédiaire, notamment dans les services de gestion ou d'administration des entreprises. Leurs activités perdent du terrain, et leurs positions s'érodent petit à petit. Les nouvelles technologies deviennent en revanche un complément de plus en plus efficace pour la conceptualisation de nouveaux objets ou l'interaction avec des environnements changeants. Elles multiplient ainsi les capacités d'innovation des employés les plus qualifiés et dopent l'intérêt des entreprises pour ces personnes au détriment des autres salariés.

Une évolution similaire semble à l'œuvre en Allemagne et en Grande-Bretagne, où les emplois les moins qualifiés

1. Voir notamment D. Autor, L. Katz et M. Kearney, « The polarization of the US labor market », document de travail, Harvard, janvier 2006.

résistent aujourd'hui mieux aux nouvelles générations de technologies que les emplois intermédiaires[1]. S'il faut voir dans ces évolutions les signes annonciateurs de l'avenir, à plus grande échelle, dans l'ensemble des pays développés, alors le moment semble bien mal choisi de renoncer à l'ouverture de l'enseignement supérieur.

Cet objectif se heurte toutefois aujourd'hui à de nombreuses difficultés, partagées, elles aussi, par la plupart des pays développés. En premier lieu, un problème de financement. Un enseignement supérieur de qualité coûte cher. Comment financer son développement ? Comment susciter la contribution financière des bénéficiaires de l'enseignement supérieur sans créer de nouvelles barrières à l'entrée pour les étudiants les plus pauvres ? Au-delà de la question des moyens et de la qualité de l'offre éducative, subsistent également d'importants problèmes du côté des familles et des élèves, de leur capacité à persévérer dans l'enseignement secondaire et supérieur. Un nombre encore important d'adolescents quittent l'école avant même d'avoir achevé une formation secondaire, voire après quelques mois d'université seulement, alors même que la poursuite de leurs études aurait des effets extrêmement bénéfiques, pour eux-mêmes comme pour le reste de la société. Comment réduire la fréquence de ces échecs et abandons précoces ? Comment faire en sorte qu'un nombre plus important d'élèves achèvent leur scolarité secondaire avec un niveau satisfaisant, et qu'ils se sentent suffisamment à leur place, pour envisager une formation supérieure ? Cette question invite à repenser les

1. Voir par exemple Maarten Goos et Alan Manning, « Louzy and Lovely Jobs : The Rising Polarisation of Jobs in Britain », *The Review of Economics and Statistics*, vol. 84 (1), 2007, p. 118-133.

objectifs et contenus du secondaire, mais également ceux du primaire, y compris le préélémentaire.

De fait, les destins se jouent en grande partie dès les toutes premières années de la vie, avant même l'entrée à l'école élémentaire. Comment éviter le gâchis de ces enfants qui, dès 6 ou 7 ans, ne sont déjà plus vraiment dans la course ? Dans de nombreux pays, les enseignements primaire et secondaire jouent encore un rôle majeur dans la sélection des élèves. C'est pourtant au supérieur que devrait désormais revenir exclusivement ce rôle d'orientation et de sélection. Tout doit être fait, dès le plus jeune âge, pour mettre le plus grand nombre d'enfants en mesure de tirer parti plus tard d'une formation supérieure.

CHAPITRE IX

École maternelle et petite enfance : les expériences française et américaine

S'il est une idée qui rencontre aujourd'hui un large consensus, c'est bien celle selon laquelle il faut agir le plus massivement et le plus précocement possible pour l'éducation et le développement des tout jeunes enfants. Ce consensus s'est construit en grande partie à la lumière des résultats très spectaculaires d'expériences sociales conduites aux États-Unis, notamment le *Perry School Project* et le *Carolina Abecederian Project*. Dans les deux cas, le principe de l'évaluation est le même : on constitue un échantillon d'une centaine de très jeunes enfants issus de milieux défavorisés, on le divise arbitrairement en deux groupes d'une cinquantaine d'enfants et l'on offre à l'un des deux groupes un suivi pédiatrique et pédagogique renforcé. Dans le cas du *Perry School Project*, les enfants du groupe expérimental bénéficient de 2 h 30 de classe par jour, en tout petit groupe, pendant deux ans, entre leur quatrième et leur sixième année. Les parents eux-mêmes reçoivent la visite d'un spécialiste chaque fin de semaine, lequel leur prodigue aides et conseils pendant 1 h 30 environ. Les enfants de l'*Abecederian Project* sont pris en charge, plus jeunes encore, dès leurs premières semaines d'existence. Ils profitent ensuite d'un suivi pédiatrique 8 heures par jour, cinq jours par semaine, avec un programme d'éveil au langage, jusqu'à leur entrée à l'école primaire. Il y a pratiquement un éducateur par enfant. Après l'entrée à l'école, une moitié du groupe expérimental continue à recevoir un soutien scolaire.

Ces deux projets ont vu le jour voilà désormais plus de trente ans, et l'on dispose aujourd'hui de suffisamment de recul pour évaluer leurs effets à long terme sur les enfants. Ces effets sont assez spectaculaires. Devenus adultes, les enfants du *Perry School Project* ayant disposé d'un soutien ont aujourd'hui des niveaux de diplômes et des salaires bien plus élevés que ceux qui n'en ont pas profité. Ils sont également beaucoup moins souvent dépendants de l'aide sociale ou en prison. Deux années d'intervention entre 4 et 6 ans semblent avoir suffi à changer leurs destins scolaire et social du tout au tout. Chez les enfants de l'*Abecederian Project*, on constate les mêmes effets positifs. À 21 ans, la proportion de jeunes admis à l'université est deux fois plus élevée dans le groupe expérimental que dans le groupe de contrôle. Le coefficient intellectuel des enfants ayant été suivis dès leur naissance est en fait devenu significativement plus élevé que celui des autres enfants. Ces projets ont impliqué de très lourds investissements par enfant (supérieurs à 10000 dollars actuels par enfant et par an), mais, sur le long terme, les bénéfices sociaux excèdent très largement le coût de ces investissements, dans un rapport de 1 à 8 ou même de 1 à 9 (surtout du fait de la réduction de l'exposition au crime et à la délinquance). Devant de tels rapports coûts-bénéfices, il est difficile de ne pas devenir un militant de l'école maternelle et, plus généralement, d'un grand « service public de la petite enfance ».

En même temps, plusieurs faits méritent d'être mis en exergue. En premier lieu, rappelons-le, ces programmes expérimentaux sont lourds, beaucoup trop pour envisager leur mise en œuvre à l'échelle d'un pays entier. De fait, les interventions sont assurées par des professionnels très qualifiés, chacun auprès d'un tout petit groupe d'enfants. Chaque éducateur s'occupe en moyenne de six enfants dans le *Perry School Project*, et d'un nombre plus faible encore dans le cas de l'*Abecederian Project*. Imagine-t-on une école maternelle avec trois enfants par classe ? L'école maternelle française correspond à des investissements par an et par enfant trois fois plus faibles environ que ceux impliqués par ces programmes expérimentaux. En second lieu, ces programmes sont très ciblés. Dans les deux cas, il s'agit d'enfants issus de milieux noirs et défavorisés. Dans le cas de l'*Abecederian Project*, les concepteurs ont même centré l'expérience sur des enfants accusant un retard de développement. Enfin, même s'ils sont spectaculaires, les résultats obtenus le sont auprès de tout petits échantillons d'enfants et restent statistiquement très imprécis et fragiles.

On peut donc légitimement se demander si ces expérimentations ont une quelconque « validité externe ». Pourrait-on vraiment envisager de les généraliser avec succès ? Il faut bien reconnaître que les évaluations non expérimentales menées à plus grande échelle n'incitent pas à un optimisme béat.

Le programme *Head Start*

Les États-Unis n'ont pas d'école maternelle similaire à ce qui existe en France. Ils n'en ont pas moins développé un vaste programme (*Head Start*) en faveur du développement et de l'éveil au langage des jeunes enfants issus de milieux défavorisés. Lancé à la fin des années 1960, le programme *Head Start* touchait au début des années 2000 près de 900 000 enfants. L'investissement fédéral dans ce programme est assez substantiel. Il ne permet pas toutefois à *Head Start* de rivaliser avec les dispositifs expérimentaux qui l'ont inspiré : en moyenne, on estime que l'investissement par enfant et par an y est 30 % à 40 % plus faible que dans les expériences comme le *Perry School Project* ou l'*Abecederian Project*. Cette moyenne recouvre toutefois des situations extrêmement diverses. *Head Start* est en effet un dispositif régulé de façon complètement décentralisée : n'importe quelle initiative locale en faveur de l'éducation et du développement des jeunes enfants défavorisés devient éligible aux aides du pouvoir fédéral dès lors qu'elle respecte une charte fédérale relativement souple. Il en résulte une très grande diversité des dispositifs effectivement mis en place au niveau local.

Dans ce contexte, il est évidemment difficile d'avoir une idée très claire des effets de *Head Start* sur les enfants bénéficiaires. Par construction, le dispositif est concentré sur les jeunes enfants les plus en difficulté. Ils réussissent par la suite plutôt moins bien que les autres enfants, mais rien ne prouve qu'ils n'auraient pas eu encore plus de difficultés s'ils n'avaient pas reçu ce soutien. Dans une série de travaux, J. Currie et ses collègues ont proposé plusieurs évaluations tendant à démontrer qu'en réalité *Head Start* a bien des effets positifs sur les enfants[1]. Les chercheurs ont par

1. Voir, entre autres, J. Currie, « Early Childhood Intervention Program : What Do We Know ? », *Journal of Economic Perspectives*, 15 (2), p. 213-238 ; Janet Currie et Matthew Neidell, « Getting Inside the "Black Box" of Head Start Quality : What Matters and What Doesn't », *Economics of Education*

exemple établi qu'au sein des familles où certains enfants ont bénéficié de *Head Start* et pas les autres, les premiers réussissent plutôt mieux à l'école et dans la vie que leurs frères et sœurs[1]. Évidemment, cette évaluation n'est pertinente que si les différences entre frères et sœurs bénéficiaires et non bénéficiaires n'ont rien à voir avec les facteurs expliquant la réussite scolaire et sociale. Par ailleurs, les effets estimés restent relativement faibles. Les performances des bénéficiaires de *Head Start* demeurent très loin de pouvoir rivaliser avec les performances moyennes des enfants non défavorisés. Une réflexion est aujourd'hui en cours aux États-Unis pour améliorer l'efficacité du programme. Curieusement, les pouvoirs publics américains manquent encore d'expérimentations rigoureuses pour réorienter correctement cette politique.

L'école maternelle française en question

Le programme *Head Start* américain cible ses efforts sur les enfants défavorisés. Il n'est pas évident que les leçons aujourd'hui disponibles quant à son impact soient réellement pertinentes pour juger de l'intérêt d'un système d'éducation

---

Review, 26 (1), p. 83-99 ; Eliana Garces, Janet Currie et Duncan Thomas, « Longer Term Effects of Head Start », *American Economic Review*, 92, p. 999-1012.

1. En poussant l'évaluation, les chercheurs ont découvert que l'effet sur les performances scolaires était essentiellement perceptible sur les enfants blancs, et l'effet sur la délinquance sur les enfants noirs, sans qu'il soit encore possible d'expliquer très clairement cette diversité des conséquences.

préélémentaire complètement centralisé et à vocation universelle, comme l'école maternelle française par exemple. En France, les enfants entrent à l'école maternelle au mois de septembre de leurs 3 ans, puis suivent un cursus de trois années (petite, moyenne et grande section), préparatoire à leur entrée en école primaire au mois de septembre de leurs 6 ans. Un quart environ des petits Français sont même acceptés à l'école de façon anticipée dès le mois de septembre de leur deuxième année. Les enseignants de maternelle sont les mêmes que ceux de l'école primaire. Ils sont tenus de respecter un programme national tout aussi détaillé et précis que celui de primaire.

Il s'agit d'un système assez unique au monde et pourtant, à ma connaissance, très peu d'études solides sont aujourd'hui disponibles à son sujet. Une question revient par exemple de façon lancinante : faut-il encourager son extension aux enfants de 2 ans ou, au contraire, se recentrer sur les seuls enfants de 3 ans et plus ? Aucune réponse ne s'impose clairement.

Une enquête commandée par le ministre français de l'Éducation nationale sur les enfants entrés à l'école primaire en 1997 révèle que ceux qui ont été admis à 2 ans en maternelle, c'est-à-dire de façon anticipée, réussissent plutôt mieux par la suite dans le primaire : ils redoublent moins souvent en CP ou en CE1. Mais cette même enquête révèle également que ces enfants sont souvent parmi les plus âgés de leur classe d'âge (c'est-à-dire nés en début d'année[1]) et surtout plus fréquemment issus de familles aisées, et notamment de familles d'enseignants. Dans ces conditions, un sérieux

1. Les documents officiels recommandent de privilégier la scolarisation des enfants nés en début d'année, ayant déjà 2 ans au moment de la rentrée de septembre.

doute plane sur la signification de leur meilleure réussite au primaire. S'agit-il vraiment d'un effet de leur fréquentation précoce de l'école maternelle ? Ou bien cela reflète-t-il simplement le fait qu'ils représentent une population très particulière d'enfants, plus mûrs et mieux aidés à la maison ? Dans une étude menée en collaboration avec Edwin Leuven, nous concluons plutôt en faveur de la deuxième hypothèse[1].

Comme à chaque fois qu'il faut séparer l'effet de la durée d'exposition à une politique publique (ici, la petite section de maternelle) de celui de l'âge des bénéficiaires de cette politique, la question n'est pas simple à trancher. Âge et durée d'exposition augmentent en effet de façon parfaitement synchrone, et il n'y a jamais de façon simple d'identifier les conséquences respectives de l'un et de l'autre sur les bénéficiaires (dans notre cas, les enfants entrés de façon anticipée à l'école maternelle). L'approche développée avec Edwin Leuven part d'une observation *a priori* anodine : les décisions de scolarisation anticipée se prennent essentiellement sur la base du *mois* de naissance des enfants, et non du *jour* exact de leur naissance. En clair, un enfant né fin janvier a une probabilité plus importante d'être accepté de façon anticipée à l'école maternelle qu'un enfant né début février[2]. Mais il n'a pas de probabilité plus forte d'être accepté qu'un enfant de début janvier. Le même écart de quinze jours n'a ainsi pas du tout le même effet sur les chances d'entrer précocement à l'école maternelle, selon qu'il correspond ou non à un changement de mois. Dans ce contexte, les différences de performance observées dans le

1. Voir Edwin Leuven et Éric Maurin, « Starting School : The Earlier the Better ? An Evaluation of the French Early Schooling Policy », PSE discussion paper, 2007.
2. Selon le recensement de la population, l'écart est de 5 points.

primaire entre enfants nés entre le début et la fin du mois de janvier reflètent le pur effet de l'âge (de fait, les plus vieux, ceux du début du mois, réussissent toujours en moyenne un peu mieux que ceux de la fin du mois). En revanche, les différences de performance observées entre les enfants nés entre la fin janvier et le début février sont dues, non seulement à l'âge, mais aussi à l'effet du surcroît de scolarisation maternelle. Si la scolarisation anticipée apporte un plus, on devrait observer davantage d'écarts de performance entre enfants nés fin janvier et début février, qu'entre enfants nés début février et fin janvier. Malheureusement, ce n'est pas du tout ce que l'on observe. En fait, on observe même plutôt le contraire : il y a davantage d'écarts de performance entre enfants du début et de la fin d'un mois, qu'entre enfants de la fin d'un mois et du début du mois suivant. C'est exactement l'inverse de ce qui se produirait si la scolarité anticipée avait un impact positif. Les effets estimés sont toutefois trop peu précis pour en dire davantage, mais un diagnostic minimal n'en demeure pas moins que la fréquentation anticipée de l'école maternelle n'a en moyenne pas d'effet positif sur les carrières scolaires dans le primaire.

Avant d'aller plus loin, entendons-nous bien sur la signification exacte de ce diagnostic. En France, la très grande majorité des enfants de moins de 3 ans non scolarisés est gardée par leur mère ou par des proches de la famille. Notre évaluation signifie qu'envoyer un enfant à l'école entre le mois de septembre de ses 2 ans et le mois de septembre de ses 3 ans n'améliore pas spécialement ses chances ultérieures de succès : elles seraient probablement les mêmes, si on le laissait une année de plus avec sa mère ou des proches de la famille. Quand on y réfléchit, le diagnostic n'est donc pas aussi sombre qu'il y paraît au premier abord : une maîtresse de maternelle arrive à maintenir ses vingt-cinq ou trente élèves au même niveau que celui auquel parviendraient en moyenne les vingt-cinq ou trente familles prises ensemble si on leur laissait chacune leur enfant. En d'autres termes, l'école maternelle à 2 ans ne favorise ni ne défavorise spécialement les enfants concernés, mais soulage les familles qui le souhaitent d'un problème de garde. Dans ce débat, il ne faut pas perdre de vue non plus que nous n'évaluons qu'un aspect très particulier de l'école maternelle, à savoir l'accueil *anticipé* en petite section. Or, à l'heure actuelle, rien de très spécifique n'est organisé en direction des tout-petits acceptés de façon anticipée. Ils se joignent aux autres élèves de petite section pendant un an, puis l'année suivante recommencent la même année de petite section comme si de rien n'était. Le protocole développé avec E. Leuven ne produit donc pas une évaluation d'un programme particulier destiné aux enfants de 2 ans, encore moins une évaluation des effets de la fréquentation normale de l'école maternelle entre le mois de septembre des 3 ans et le mois de septembre des 6 ans. Notre évaluation souligne simplement que, tel qu'il est organisé aujourd'hui, l'accueil anticipé des tout-petits n'a pas d'effets particulièrement bénéfiques pour eux.

Maternelle et langage

Dans une autre série de travaux conduits avec Delphine Roy, nous essayons d'évaluer l'effet du temps passé en grande section de maternelle sur la qualité du langage, à partir des informations contenues dans les bilans de santé réalisés avant l'entrée en primaire, lors de la visite médicale obligatoire que tous les enfants passent en fin d'année de grande section. Cet examen est conduit par les médecins de l'Éducation nationale, à des dates variables selon les écoles et les enfants, en fonction des disponibilités des médecins. Son objectif est de dépister et de signaler aux parents les problèmes d'audition, de vue, d'asthme, de dentition, etc., mais également d'éventuels troubles du langage. Notre évaluation porte sur un échantillon de bilans de santé recueillis et informatisés par la DREES au ministère des Affaires sociales. Très précisément, notre analyse s'est concentrée sur un échantillon d'environ 10000 enfants, représentatif de la population entrée à l'école en septembre 1997 à l'âge normal (soit l'année de leurs 3 ans), dans un district scolaire normal (soit hors « zone d'éducation prioritaire ») et ayant suivi une scolarité normale (petite section en 1997-1998, moyenne section en 1998-1999 et grande section en 1999-2000). La principale différence entre les élèves de l'échantillon est la date à laquelle ils ont passé leur examen médical obligatoire de fin de grande section. Une partie a passé cet examen avant les vacances de Pâques, pour l'essentiel entre février ou mars 2000, tandis que l'autre partie l'a passé après les vacances de Pâques, pour l'essentiel en mai ou juin 2000. Du fait de cet aléa dans la date de passage de l'examen médical, il est possible de comparer le bilan de santé (taille, poids, poids à la naissance, etc.), mais également la qualité du langage d'enfants de même âge, après des durées d'exposition à l'école maternelle différentes, à un moment de la vie où les niveaux d'apprentissages évoluent très rapidement. Les enfants de 5 ans et 6 mois examinés en février ou mars de l'année de grande section construisent-ils des phrases plus complexes et plus correctes grammaticalement que les enfants de 5 ans et 6 mois examinés en mai ou juin ?

Il va de soi que la comparaison d'enfants ayant fait leur visite à des dates différentes ne peut faire sens que dans la mesure où la date de l'examen n'a pas été décidée en fonction de leur degré de développement, mais simplement en fonction des aléas des emplois du temps des responsables de la médecine scolaire. De façon assez réconfortante, nous avons pu vérifier qu'il n'y avait aucune corrélation entre la date de passage de l'examen et la date de naissance des enfants ou leur poids à la naissance (indicateur puissant de l'origine sociale, la probabilité de faible poids à la naissance étant plus forte dans les familles pauvres). De même, la taille et le poids des enfants dépendent étroitement de leur âge au moment de l'examen, mais à âge donné, on ne constate aucune différence de cette nature selon la date de l'examen.

Dans ce contexte, comment évolue le langage des enfants selon la date d'examen ? Les premiers résultats de notre recherche suggèrent un effet positif. Quelle que soit la date à laquelle les enfants ont passé leur visite, les plus âgés produisent des phrases plutôt plus correctes que les plus jeunes. Mais, à âge donné, on constate également que ceux qui ont passé l'examen plus tard dans l'année scolaire produisent des phrases plus correctes que ceux qui l'ont subi plus tôt. La probabilité de faire des phrases correctes progresse deux fois plus vite pour les enfants qui vont à l'école par rapport à ceux qui ne la fréquentent pas, ou si seuls jouaient les progrès mécaniquement entraînés par l'âge. Il y a en moyenne deux fois plus de différence entre un enfant de 5 ans et demi et un enfant de 5 ans enquêtés à six mois de distance, qu'entre un enfant de 5 ans et demi et un autre de 5 ans enquêtés au même moment de l'année scolaire. Il va de soi que ces résultats préliminaires sont assez stimulants pour l'école maternelle, même s'il faudra chercher à les consolider à l'aide d'autres enquêtes et en analysant d'autres mesures du développement des enfants. Par ailleurs, un examen plus fouillé de ces données révèle que l'effet positif de la fréquentation de la grande section disparaît lorsqu'on braque le projecteur sur les enfants scolarisés en zones d'éducation prioritaire. Les effets positifs seraient ainsi concentrés chez les élèves les mieux préparés à l'école par leurs familles.

Les enquêtes réalisées par le ministère de l'Éducation nationale révèlent d'importantes différences d'aptitudes scolaires entre enfants dès l'entrée à l'école primaire (c'est-à-dire dès l'entrée au cours préparatoire), différences qui persistent ensuite tout au long de la scolarité. L'essentiel des hiérarchies scolaires est ainsi quasiment déjà en place à la fin de la maternelle, avant même l'école primaire. Une partie de l'explication pourrait être le fonctionnement déjà très scolaire de l'école maternelle elle-même. En tout cas, l'école maternelle française (pas davantage que le programme *Head Start*) ne parvient pas à amener les tout-petits sur un pied d'égalité à l'entrée de l'école primaire.

Réformer la maternelle ?

En France comme aux États-Unis, de nombreux observateurs sont aujourd'hui un peu désemparés devant les résultats décevants obtenus par les principaux dispositifs en faveur des tout-petits. Un problème de moyens est incontestablement en cause. Les programmes mis en place à l'échelon national correspondent à des efforts par enfant trop faibles. Les maternelles françaises comptent entre vingt-cinq et trente élèves par classe et, dans ces conditions, il est difficile d'attendre d'elles un impact aussi net que celui obtenu par des programmes expérimentaux où chaque enfant dispose d'un tuteur. L'étude déjà mentionnée de Janet Currie et Matthew Neidell confirme que les localités américaines où l'investissement par « enfant *Head Start* » est le plus fort sont également celles où ces enfants progressent le plus [1].

Il faudrait donc davantage de moyens, mais ils vont être difficiles à trouver. Dans un pays comme la France, l'éducation des 3-6 ans bénéficie déjà d'un effort global relativement important de la part de la collectivité, et l'on ne pourra pas facilement aller au-delà. Quand on compare la France aux autres pays développés, c'est la pauvreté de son enseignement supérieur qui frappe, pas celle de son système d'éducation préélémentaire. Il sera donc difficile de faire de ce dernier une véritable priorité. C'est pourquoi il semble impératif de ne pas s'en tenir à la question des moyens, mais d'aborder aussi la question des programmes et des enseignements, domaines encore mal connus et dans lesquels bien peu de choses font aujourd'hui consensus.

Dans leur étude, J. Currie et M. Neidell tirent profit de la grande diversité des programmes *Head Start* au niveau local pour identifier ceux qui marchent bien et ceux qui marchent moins bien. Il semble que le niveau de formation ou le salaire des éducateurs aient relativement peu d'effets sur les progrès des enfants. De même, les efforts en direction de

1. J. Currie et M. Neidell, « Getting Inside the "Black Box" of Head Start Quality : What Matters and What Doesn't », art. cité.

l'information des familles semblent moins payants que les efforts en direction des enfants, de leur santé, de leur nutrition ou de leur éveil au langage.

Quoique incertains et contrastés, les bilans disponibles sur *Head Start* conduisent aujourd'hui l'administration américaine à essayer d'en améliorer l'efficacité, notamment en recentrant les interventions sur les enfants eux-mêmes (leur santé, leur alimentation, etc.) plutôt que sur les familles ou sur les éducateurs. Indépendamment de la question du bien-fondé de ce type de réorientation (encore très ouverte), sa mise en œuvre se heurte au problème plus général du pilotage des institutions éducatives. À supposer que l'on ait une idée plus juste et plus précise de la façon dont doivent évoluer leurs interventions, comment les aider ou les inciter à évoluer dans la bonne direction ?

La question de l'efficacité des écoles est depuis près de vingt ans au cœur des débats éducatifs aux États-Unis ou en Angleterre. Elle a également fini par s'imposer sur l'agenda politique de pays comme la France, en même temps que les ressources publiques devenaient plus rares (et l'opinion plus sceptique sur les bénéfices à attendre de l'augmentation du budget alloué au système éducatif). Autonomie des écoles, libre choix des parents : les pages suivantes dressent un bilan des réformes menées sur ces sujets au cours des décennies récentes de par le monde. Ces idées sont-elles le sésame pour réduire l'échec scolaire et améliorer le niveau général des élèves ?

CHAPITRE X

La question du libre choix des parents et de l'autonomie des écoles

Comment améliorer la qualité des écoles, leur capacité à transmettre les compétences essentielles à l'ensemble des enfants ? Suffit-il d'augmenter leurs ressources ? Cette opinion n'est plus très en vogue, c'est le moins que l'on puisse dire. L'idée est désormais souvent avancée que le salut du système éducatif ne passe pas, ou plus, par une augmentation des moyens alloués aux différents établissements, mais par un usage plus performant, plus « concurrentiel », des ressources existantes. Le problème est, dit-on, d'inciter les établissements scolaires à délivrer le meilleur service aux enfants, et au meilleur coût pour le contribuable. Les ingrédients favoris des réformateurs sont un peu partout les mêmes : accorder davantage de choix aux parents de manière à mettre les écoles davantage en concurrence et à susciter une amélioration de leurs pratiques en contrepartie d'une plus grande autonomie. C'est en partie dans cet esprit que la majorité conservatrice récemment élue en France propose de supprimer la « carte scolaire », c'est-à-dire l'obligation faite aux familles de fréquenter les établissements de leur district scolaire. Plusieurs pays, dont la Grande-Bretagne, les États-Unis et le Chili, se sont depuis longtemps déjà engagés dans cette voie, mettant en œuvre dès les années 1980 et 1990 de profondes réformes de leur système éducatif pour donner davantage d'autonomie aux établissements et un plus grand choix aux parents.

En 1981, le gouvernement Pinochet libéralise complètement le système scolaire chilien, garantissant aux écoles privées des subventions proportionnelles au nombre d'élèves admis en leur sein. En quelques années, le nombre d'écoles privées est quasiment multiplié par deux (passant de 1 500 à près de 3 000), et la proportion d'enfants chiliens scolarisés dans le privé passe de 20 % à 40 %. L'effet est surtout très net dans les riches quartiers urbains où les enfants des classes moyennes supérieures partent en masse vers les établissements privés tandis que le niveau social des familles fréquentant les écoles publiques baisse brutalement. Du coup, les inégalités dans la composition sociale des écoles s'accroissent très rapidement. Pour autant, le niveau scolaire moyen des petits Chiliens n'augmente pas spécialement suite à la réforme. Comparant les résultats des municipalités les plus touchées et les moins touchées par la réforme, Chang-Tai Hsieh et Miguel Urquiola ne constatent aucun véritable changement, avant et après la réforme, dans les niveaux relatifs de performance aux tests scolaires ou aux examens[1]. Au demeurant, le classement du Chili dans les évaluations internationales est resté essentiellement le même entre 1970 et 1999, en dépit de ce choc majeur[2] (qui ne fut d'ailleurs

1. Chang-Tai Hsieh et Miguel Urquiola, « When Schools Compete, How Do they Compete ? An Assessment of Chile's Nationwide School Voucher Program », NBER Working Paper 10008, 2003, à paraître dans le *Journal of Public Economics*.

2. Dans les années 1970 comme dans les années 1990, l'écart de performances moyennes entre les élèves chiliens et européens ou nord-américains (tel que mesuré lors des enquêtes internationales) n'a pas été fondamentalement modifié (environ un écart type de différence).

pas remis en question par les autorités chiliennes après le départ de Pinochet).

Les États-Unis ne sont pas allés aussi loin que le Chili, mais cherchent, eux aussi, à introduire davantage de choix pour les parents et plus de compétition entre les écoles. Ainsi, dans un grand nombre d'États américains, la loi accorde aujourd'hui aux citoyens la possibilité de créer de nouvelles écoles (*charter schools*), financées sur fonds publics à hauteur du nombre d'élèves qu'elles parviennent à attirer. À chaque nouvel élève inscrit correspond un financement supplémentaire de l'État, dès lors que l'école reste en mesure de respecter la charte particulière qui la lie aux autorités éducatives. Introduits au début des années 1990, ces nouveaux établissements jouissent d'une plus grande autonomie que les écoles publiques régulières (notamment pour le recrutement et le salaire des enseignants) et ont également la possibilité d'adapter leurs programmes à des publics spécifiques d'élèves. En contrepartie, elles sont tenues de rendre publics leurs objectifs, leur gestion et les résultats de leurs élèves. Par ailleurs, s'il y a trop de demande par rapport aux capacités physiques de l'établissement, les responsables sont invités à tirer au sort les élèves admis (plutôt que de sélectionner les meilleurs, par exemple). Au début des années 2000, on estime qu'environ 1,5 % des élèves étaient en *charter school*, la proportion variant toutefois beaucoup d'un État à l'autre.

L'apparition de *charter schools* dans un district scolaire améliore-t-elle la qualité des scolarités dans ce district ? Il s'agit d'une question extrêmement difficile, et aucun consensus ne s'est encore dégagé sur ce point. Tout dépend du type de concurrence que les *charter schools* imposent aux autres écoles, du public particulier qu'elles parviennent à attirer dans leurs murs et de l'impact que peuvent avoir sur les élèves les changements dans les enseignements et dans la composition des classes qui accompagnent l'apparition de ces établissements.

L'universitaire de Harvard, Caroline Hoxby, a développé plusieurs études influentes, plutôt en faveur des *charter schools*. Dans une recherche publiée en 2001, elle identifie une amélioration des performances dans les écoles publiques régulières après l'introduction des *charter schools* dans leur voisinage, sans que l'on puisse toutefois savoir s'il s'agit d'un véritable effet de concurrence ou bien d'une simple traduction du fait que les élèves les plus faibles des écoles publiques régulières ont rejoint les nouvelles *charter schools* dans l'espoir d'y progresser davantage. Dans une étude plus récente, conduite avec Jonah Roskoff, elle s'intéresse aux élèves ayant postulé pour une *charter school* en surcapacité dans le district de Chicago et compare les résultats ultérieurs de ceux qui ont eu la chance d'y être admis avec les résultats de ceux qui n'ont pas eu cette chance. Les deux auteurs trouvent que, parmi les postulants, les élèves admis en *charter school* obtiennent par la suite de meilleurs résultats que les autres. Dans la mesure où cette admission ne s'est pas faite sur des critères académiques (ou comportementaux) cachés, ce travail suggère que – dès lors que les *charter schools* sont implantées – certains élèves gagnent à rejoindre ce type d'école plutôt qu'à rester dans le système public normal. Cette approche est intéressante, mais elle ne tranche toutefois pas la question (plus fondamentale) de savoir si l'apparition des *charter school*s a été ou non une bonne chose pour les élèves du district de Chicago. Peut-être les élèves qui ont aujourd'hui intérêt à aller dans ce genre d'établissements (maintenant qu'ils existent et modifient le contexte scolaire) auraient davantage intérêt encore à ce que ces écoles n'aient jamais vu le jour, n'aient jamais modifié la composition des écoles et des classes [1].

La revue du *Massachusetts Institute of Technology* (MIT), *Education Finance and Policy*, a récemment consacré un numéro spécial à ces questions. Il en ressort un diagnostic incertain et mitigé [2]. Robert Bifulco et Helen Ladd y démontrent que les élèves de Caroline du Nord voient en moyenne leurs résultats baisser assez nettement quand ils passent d'une école publique normale à une *charter school*. Utilisant, lui aussi, un panel d'élèves suivis pendant plusieurs années, Tim Sass obtient des résultats un peu moins défavorables pour les *charter schools* de Floride, surtout les plus anciennes d'entre elles, lesquelles parviennent à des résultats comparables (et parfois légèrement meilleurs) à ceux des écoles publiques normales de cet État. Analysant et commentant l'ensemble des recherches produites à ce jour dans les différents États, les contributeurs à ce numéro semblent finalement assez sceptiques sur les bienfaits des *charter schools*, rien de très net ne se dégageant indiscutablement pour l'instant. Ils s'accordent sur l'idée que leurs effets sont sans doute variables d'un contexte à l'autre.

Ce bilan américain en demi-teinte rejoint celui aujourd'hui disponible à propos des réformes menées par les conservateurs anglais à la fin des années 1980. Dans une contribution récente, trois chercheurs de la *London School of Economics* ont analysé les liens entre les performances des élèves et les contraintes que la forme géographique des districts scolaires

1. C'est exactement le même problème que celui posé par les *grammar schools* anglaises. Quand elles existent, chacun a intérêt à les fréquenter plutôt que de se retrouver dans les autres écoles, mais la société dans son ensemble ne gagne rien à leur existence et aux clivages qu'elles creusent dans la population des enfants.

2. Voir *Education Finance and Policy*, n° 1, MIT, hiver 2006.

faisait peser sur le degré réel de choix des familles anglaises (et sur le degré réel de compétition entre écoles), sans être en mesure d'isoler une quelconque relation [1].

Dans leur étude, Steve Gibbons, Stephen Machin et Olmo Silva mettent en évidence que les districts scolaires anglais dont les frontières dessinent une forme allongée sont, du fait des contraintes géographiques, plutôt plus restrictifs pour le choix des parents et source d'une moindre concurrence entre écoles que les districts dont le contour est davantage circulaire. Les districts les plus allongés favorisent la constitution d'enclaves isolant les écoles de la concurrence et limitant le choix des familles qui y résident. Pour autant, on ne trouve aucun déficit de performance scolaire dans ces districts. Dans la mesure où la forme géométrique de ces découpages géographiques s'avère par ailleurs une donnée presque complètement indépendante de la composition sociale des classes, on tient là un autre indice assez convaincant de l'impact relativement mineur des contraintes pesant sur le «choix» des parents ou sur la «concurrence» entre écoles sur le bon déroulement des scolarités obligatoires.

Sélection, libre choix et ségrégation scolaire

Séduisants sur le papier, les principes concurrentiels s'appliquent ainsi assez difficilement à l'univers scolaire. Pour qu'une telle logique de marché soit vraiment source d'efficacité, il faudrait que les parents puissent juger de la

1. Voir Steve Gibbons, Stephen Machin et Olmo Silva, «Competition, Choice and Pupil Achievement», CEE discussion paper, 2006.

capacité d'une école à faire progresser les élèves. C'est à cette condition que les écoles vraiment efficaces seraient les plus demandées par les parents. En réalité, cette capacité à faire progresser les élèves est très difficile à évaluer (même pour les économètres professionnels), et les familles n'ont pas vraiment les moyens de s'en faire une idée précise, particulièrement les familles les plus pauvres. Dans ce contexte, les parents n'ont d'autres recours que d'être attentifs, non pas aux progrès spécifiques que le talent des enseignants a pu produire, mais aux résultats bruts obtenus par les élèves des établissements, c'est-à-dire au bout du compte à la composition sociale du public fréquentant les différents établissements. Du côté des établissements, ce type de concurrence induit moins un accroissement de la qualité du travail des équipes pédagogiques qu'une stratégie de recrutement des meilleurs élèves (*via*, par exemple, la création de filières d'excellence que seuls les meilleurs peuvent suivre). Au final, la concurrence donne lieu à une pure et simple hiérarchisation des écoles en fonction de la valeur des élèves et de son prédicteur le plus sûr: le niveau social des parents [1]. Cette segmentation de l'univers des établissements scolaires s'accompagne inévitablement d'une segmentation géographique liée à la ségrégation urbaine.

Pour être juste, il faut rappeler que l'obligation de fréquenter les établissements du district scolaire où l'on réside (principe de la « carte scolaire » française), souvent défendue comme une parade à la concurrence sauvage et à ses effets pervers, ne fait en réalité que rendre la concurrence plus

1. En France, la stricte hiérarchisation des établissements n'est nulle part aussi flagrante que dans le système des classes préparatoires aux grandes écoles, le seul segment de l'enseignement secondaire purement concurrentiel et échappant en théorie complètement à la carte scolaire.

détournée, sans du tout l'annuler. Dans un univers régi par la « carte scolaire », la concurrence porte non pas directement sur les établissements scolaires eux-mêmes, mais sur les lieux de résidence qui permettent de les fréquenter, le résultat final n'étant pas nécessairement plus brillant en terme de mixité[1]. C'est sans doute la raison pour laquelle on peine à trouver de véritables variations dans l'intensité des processus de ségrégation scolaire entre des pays pourtant assez différents du point de vue de la liberté de choix laissée aux parents pour l'école de leurs enfants.

Trois chercheurs britanniques, Stephen Jenkins, John Micklewright et Sylke Schnepf, ont récemment comparé une trentaine de pays développés en fonction du degré de concentration des élèves pauvres dans les mêmes établissements[2]. Il ressort de ce travail que des pays aussi différents quant au choix laissé aux parents que la France, l'Angleterre ou la Hollande, tolèrent des degrés de ségrégation scolaire beaucoup plus élevés que les pays scandinaves, mais assez similaires entre eux (en tout cas difficiles à départager statistiquement). De façon générale, le lien entre sélectivité de l'enseignement secondaire et ségrégation scolaire apparaît plus net qu'entre libre choix des parents et ségrégation. Les pays où la ségrégation est la plus forte se recrutent non pas parmi ceux qui laissent le moins (ou le plus) de choix aux parents, mais parmi ceux qui n'ont pas adopté le collège

1. Une solution intermédiaire, à ma connaissance jamais vraiment expérimentée, consiste à n'assouplir les obligations de la carte scolaire que pour les habitants des quartiers défavorisés. Pour une analyse des mécanismes de la ségrégation géographique en France, on pourra se reporter à mon livre *Le Ghetto français*, Paris, La République des Idées / Seuil, 2004.

2. Stephen Jenkins, John Micklewright, Sylke Schnepf, « Social Segregation in Secondary Schools : How Does England Compare with Other Countries ? », ECINEQ working paper, 2006.

unique et laissent à leurs meilleures écoles secondaires la capacité de sélectionner les élèves dès 10 ou 11 ans, comme l'Allemagne, l'Autriche ou la Hongrie.

Mobiliser les écoles

Miser sur une concurrence induite par le libre choix des parents semble bel et bien une fausse bonne idée, ou, en tout cas, une idée appelant la plus grande prudence. Manquant d'informations, les parents ne sont pas spontanément en mesure de susciter les bonnes « incitations ». Il ne faut pourtant pas renoncer à mieux former les enseignants et à encourager les établissements à mieux mobiliser leurs forces. Il n'est pas vrai que tous parviennent à faire progresser les élèves de la même façon. On sait qu'une partie non négligeable des disparités de réussite des élèves à l'école primaire est attribuable aux différences entre écoles et entre enseignants.

Dans un travail récent sur données françaises, Pascal Bressoux, Francis Kramarz et Corinne Prost mettent, par exemple, en évidence l'importance de la formation reçue par les instituteurs au moment où ils prennent leur fonction. En France, au début des années 1990, le recrutement des enseignants de primaire se fait sur concours, et la majorité des nouveaux admis commencent leur carrière après deux années de formation dans un institut spécialisé (École normale devenue depuis Instituts universitaires de formation des maîtres ou IUFM). Certains instituteurs prennent toutefois leur poste directement après leur admission au concours. Il s'agit des candidats admis sur la liste complémentaire et que l'on affecte directement, juste après la rentrée suivant le concours, dans les écoles où des postes demeurent vacants. Dans leur étude, Pascal Bressoux et ses collègues utilisent cette bizarrerie du système français pour explorer les liens entre formation et efficacité pédagogique des enseignants. Ils démontrent que les nouveaux enseignants ayant bénéficié d'une formation après le concours d'admission ne sont pas affectés dans de meilleures classes par l'administration, mais qu'ils réussissent toutefois à faire davantage progresser leurs élèves (notamment en mathématiques) que les nouveaux enseignants directement affectés à l'issue du concours[1]. Dans la mesure où les aptitudes pédagogiques des enseignants issus de la liste complémentaire donnent une idée à peu près correcte de ce que seraient celles des enseignants de la liste principale s'ils n'avaient pas été formés, l'étude parvient à isoler un effet assez sensible de la formation reçue par les maîtres sur leurs performances pédagogiques. Cet impact est particulièrement notable pour les enseignants qui n'ont pas suivi de formation scientifique avant le concours d'admission. En d'autres termes, une meilleure formation des maîtres est bien une voie d'amélioration du rendement pédagogique.

Certains pays ont cherché à inciter les enseignants à fournir davantage d'efforts à travers un système de primes liées aux résultats. Victor Lavy étudie le cas d'une prime mise en œuvre à titre expérimental dans quelques lycées israéliens[2]. Accordée aux enseignants dont les étudiants obtiennent les meilleurs résultats aux examens de fin d'année, cette prime

1. Pascal Bressoux, Francis Kramarz, Corinne Prost, « Teachers' Training, Class Size, and Students' Outcomes : Evidence from 3rd Grade Classes in France », document de travail du CREST, 2005.

2. Victor Lavy, « Performance Pay and Teachers' Effort, Productivity and Grading Ethics », NBER working paper 10622, juillet 2004.

semble bien avoir été suivie d'une amélioration des performances dans les lycées concernés. De tels dispositifs suscitent toutefois de nombreuses réserves dans le corps enseignant et semblent difficilement généralisables. L'idée est également parfois avancée d'un encadrement plus direct du travail des enseignants, mais cela se révèle également illusoire. La démarche inverse semble plus réaliste à mettre en œuvre et, peut-être, plus efficace : elle consiste à laisser aux équipes pédagogiques d'importantes marges de manœuvre dans leur organisation et la gestion de leur budget (dans certains pays, cela va jusqu'au recrutement de leur personnel). En contrepartie, l'école fait l'objet d'évaluations publiques systématiques. Il s'agit de progresser vers une concurrence raisonnée et informée en lieu et place de l'actuelle compétition sauvage, mal informée et finalement contre-productive.

La quasi-totalité des États américains rendent désormais publiques les performances moyennes des élèves des différentes écoles, performances évaluées selon les mêmes critères pour tous les établissements d'un même État. Dans une moitié des États environ, les moyens publics alloués aux écoles dépendent au moins en partie des résultats à ces évaluations. Une série de travaux menés par Eric Hanushek et Margareth Raymond suggère que l'introduction de ces principes a eu pour effet d'accélérer les progrès des élèves dans les États concernés par rapport aux autres États. Toutefois, les mécanismes ne sont pas parfaitement clairs[1]. E. Hanushek et M. Raymond démontrent que l'on aboutit à un classement des écoles très différent selon que l'on se base sur les performances moyennes des élèves ou sur leurs *pro-*

1. Voir Eric Hanushek et Margareth Raymond, « Does School Accountability Lead to Improved Student Performance ? », *Journal of Policy Analysis and Management*, 24 (2), 2005, p. 297-327.

grès moyens, voire sur les *progrès moyens* relatifs à ceux observés dans des écoles similaires du point de vue du public qui les fréquente. Le bon critère sur lequel organiser la concurrence est ainsi un enjeu majeur, mais nos connaissances sur le sujet sont aujourd'hui fragiles. Par ailleurs, il ne faut pas perdre de vue que ce type de politique incite les écoles à embellir les résultats de leurs élèves les moins performants. Elle ne peut être menée efficacement que dans la mesure où le système d'évaluation fait l'objet d'un consensus et ne peut être contourné.

L'enseignement secondaire fonctionne encore trop exclusivement comme une simple machine à trier les bons et les mauvais élèves. Cette logique est discutable en elle-même. Elle est également en décalage croissant avec la volonté de conduire une majorité d'enfants, le plus tôt possible et dans les meilleures conditions, aux portes de l'enseignement supérieur de manière à ce qu'ils soient en mesure d'y acquérir réellement une qualification professionnelle de haut niveau. Aujourd'hui plus que jamais, il semble d'actualité de passer d'une logique où l'entrée dans l'enseignement supérieur est réservée à une petite élite sélectionnée dans le primaire et le secondaire, à une logique où le plus grand nombre atteint le supérieur et où c'est au sein de ce dernier cycle que se diversifient les trajectoires en fonction des ambitions et des capacités de chacun. Cet objectif ne peut toutefois être atteint qu'à la condition de trouver les ressources d'un développement de l'enseignement supérieur qui ne sacrifie pas la qualité à la quantité.

CHAPITRE XI

La réforme du financement de l'enseignement supérieur

La plupart des pays occidentaux font face à une augmentation considérable de la demande de formation supérieure, demande à laquelle la puissance publique, endettée et appauvrie, ne peut plus vraiment répondre. D'où un délitement de pans entiers des systèmes universitaires, surpeuplés et sans moyens, notamment les premiers cycles des filières les moins sélectives. À ce problème de financement s'ajoute une pression plus proprement politique : l'opinion adhère en général à l'idée selon laquelle l'éducation est un droit fondamental et qu'en tant que telle, elle doit rester accessible et gratuite pour tous. Il existe une très forte réticence contre toute forme d'entorse à la gratuité apparente de l'enseignement supérieur, et partant contre toute forme de contribution versée par les utilisateurs du système au système lui-même. Elles sont dénoncées comme autant de barrières empêchant les étudiants les plus pauvres de poursuivre des études.

Dans un pays comme la France, les droits d'inscription et frais de scolarité ne sont pas totalement nuls, mais la contribution des étudiants au financement de leur université ne représente qu'une infime partie (3 % environ) de la somme totale allouée par l'État. Surtout, cette question des droits de scolarité et des frais d'inscription est tellement chargée d'un point de vue idéologique, tellement explosive, qu'il est impossible de l'aborder sereinement. Comme dans beaucoup d'autres pays, l'équation de base est donc singulièrement ardue : où trouver de nouveaux financements ? Comment augmenter et diversifier les ressources de l'enseignement supérieur sans heurter la conception de l'éducation comme bien fondamental dont il est crucial de préserver l'accès au plus grand nombre ?

Une réponse déjà ancienne, et qui pourtant peine à s'imposer dans le débat public européen, est de faire contribuer non pas les étudiants à l'orée de leur scolarité universitaire, mais les *ex*-étudiants, une fois qu'ils sont devenus diplômés du supérieur et qu'ils se trouvent dans une période de leur vie professionnelle où le remboursement progressif de leurs études ne leur pose plus de problèmes financiers[1]. Dans la mesure où ils ont réussi leur intégration professionnelle sur la base de leur diplôme, l'idée est qu'il est à la fois légitime et réaliste de demander à ces *ex*-étudiants une contribution pour assurer la pérennité des institutions qu'ils ont choisi de fréquenter et qui les ont formés.

Pour se représenter les choses, imaginons un étudiant en biologie appliquée qui achève avec succès sa formation universitaire après plusieurs années d'études gratuites. Quelques

1. Voir les travaux précurseurs de Milton Friedman et Simon Kuznets, *Income from individual professional practice*, NBER, 1945, ainsi que M. Friedman, « The role of government in public education », in *Economics and the Public Interest*, Robert Solo (éd), Rutgers University Press, 1955. L'idée a trouvé des supporteurs à gauche comme à droite sur l'échiquier des économistes. Elle fut ainsi défendue par un autre prix Nobel, James Tobin, keynésien celui-là, qui fut à l'origine d'une des toutes premières expériences, au début des années 1970, à Yale. L'anecdote veut qu'un certain Bill Clinton ait été l'un des étudiants bénéficiaires du programme expérimental de Yale (ce qui illustre au passage que l'investissement dans le supérieur génère également des externalités…).

mois après être sorti de l'enseignement supérieur, il trouve un emploi à durée déterminée dans un laboratoire d'analyses médicales. Au terme de quelques mois encore, il signe avec son employeur un contrat de travail à durée indéterminée pour une rémunération mensuelle équivalant à deux fois le salaire minimum. Sa situation professionnelle est ainsi stabilisée. À partir de ce moment, un certain pourcentage de son salaire (qui peut être progressif en fonction de la rémunération) lui sera prélevé pendant quelques années pour contribuer au financement de l'université qui lui a permis de se former et de trouver un emploi. S'il perd son emploi, ce dispositif s'interrompt jusqu'à ce qu'il ait retrouvé une situation professionnelle stable.

Ce type de mécanisme serait d'autant plus légitime qu'en l'état actuel des choses les bénéfices privés de l'enseignement supérieur, et notamment de ses filières les plus coûteuses et les plus prestigieuses, vont pour l'essentiel à une minorité de personnes issues des classes sociales les plus favorisées.

Prenons de nouveau l'exemple de la France et de son système dual d'enseignement supérieur, avec d'un côté les prestigieuses grandes écoles (et les classes préparatoires qui en sont l'antichambre) et, de l'autre, l'ensemble des universités, surpeuplées et misérables. Dans ce système, une année de classe préparatoire aux grandes écoles coûte à l'État à peu près cinq fois plus qu'une année de premier cycle universitaire standard, en sciences économiques ou en droit, par exemple[1]. De même, une année passée dans une grande école à propre-

1. Soit, au début des années 2000, environ 12 000 euros, voir Stéphane Zuber, *L'Inégalité de la dépense publique d'éducation en France*, mémoire DEA analyse et politiques économiques sous la direction de Thomas Piketty, EHESS, 2001.

ment parler coûte au contribuable près de trois fois plus qu'une année de troisième cycle universitaire standard (soit environ 30000 euros). Au total, un élève effectuant une scolarité complète dans le système des grandes écoles bénéficie de la part de l'État d'un investissement quatre fois plus important que celui correspondant à une scolarité complète universitaire en droit ou en sciences économiques (soit environ 120000 euros). Or, en France, les scolarités dans les grandes écoles sont presque exclusivement accaparées par les enfants des classes supérieures, et notamment par les enfants d'ingénieur et de professeur. Les enfants d'ouvriers accédant au supérieur restent, à de très rares exceptions près, dans les filières universitaires classiques. Le système des grandes écoles représente ainsi un investissement public extrêmement puissant, mais réservé essentiellement aux enfants des classes supérieures les plus diplômées, alors même qu'il est financé par l'impôt de l'ensemble des contribuables (et notamment tous les contribuables non diplômés du supérieur). Dans ce contexte, une réforme dont le principe paraît difficilement contestable, tant du point de vue de l'efficacité que de la justice sociale, serait que cet investissement soit davantage financé par les contribuables qui en ont bénéficié très directement, libérant des ressources pour les zones du système universitaire actuellement laissées à l'abandon[1]. Il va de soi, répétons-le, que cette contribution ne devrait pas être exigée au moment même où les étudiants des filières les plus coûteuses amorcent leurs études (ce qui

1. Il est significatif que les premières expériences de remboursements contingents aux revenus futurs furent expérimentées pour accroître l'accès des étudiants modestes à des universités privées d'élite (Yale et Duke). Une présentation critique de l'expérience de Yale est donnée par Marc Nerlove, « Some Problems in the Use of Income Contingent Loans for the Finance of Higher Education », *Journal of Political Economy*, 83 (1), 1975, p. 157-184.

aurait pour effet d'ériger de nouvelles barrières à l'entrée), mais différée jusqu'au moment où les *ex*-étudiants des grandes écoles devenus diplômés auront entamé leur carrière professionnelle et commencé de gagner des salaires de cadre.

Cette idée a déjà été expérimentée à grande échelle et avec succès dans d'autres pays, notamment en Australie.

L'expérience australienne

Jusqu'à la fin des années 1980, l'enseignement supérieur australien fut financé exclusivement sur fonds publics. On ne demandait pas de droits d'inscription aux étudiants. De tels droits avaient existé par le passé, mais ils avaient été abolis au début des années 1970, au motif qu'ils représentaient une barrière à l'entrée pour les étudiants pauvres.

Au milieu des années 1980, il devint de plus en plus évident que les fonds publics ne suffiraient pas à accompagner l'accroissement considérable de la demande de formation supérieure. Dans ce contexte, une première réforme (conduite en 1986) a consisté à réintroduire des droits d'inscription uniformes (250 dollars de l'époque) au nom du principe selon lequel les utilisateurs de l'enseignement supérieur doivent aussi être les payeurs. Pour augmenter davantage encore le flux de financement sans accroître les barrières pour les familles, une seconde réforme, beaucoup plus ambitieuse et sophistiquée, est intervenue dès 1988[1]: les droits

1. Cette réforme, aussi connue comme la « Dawkins revolution », fut menée par les travaillistes alors au pouvoir (gouvernement Hawkes) et, plus

d'inscription ont été multipliés par 10 (2500 dollars par an, soit 25 % environ du coût d'une année d'étude), mais le paiement pouvait en être reporté jusqu'au moment où les bénéficiaires seraient sur le marché du travail et leurs revenus suffisamment importants.

En pratique, la réforme ne rend le début du remboursement exigible qu'à partir du moment où les revenus dépassent la moyenne des revenus des personnes assujetties à l'impôt (soit environ 25000 dollars annuels au milieu des années 1990). Les montants remboursés sont proportionnels aux revenus et cessent d'être exigibles quand ces derniers retombent sous le seuil de 25000 dollars. Les étudiants gardent la possibilité de payer les droits au moment de l'inscription [1], auquel cas ils bénéficient d'un rabais de 25 % (soit 1 800 dollars).

Il va sans dire que l'instauration de ce nouveau régime a suscité beaucoup de réticences. Avec le recul, il semble qu'elles aient été en grande partie infondées, le nouveau dispositif ayant accompagné une expansion très nette des moyens donnés aux universités sans accroître les inégalités [2]. À peine cinq ou six ans après la mise en place du dispositif, les revenus issus des droits d'inscription étaient en pleine croissance et couvraient déjà l'équivalent de 10 % des besoins

particulièrement, par le ministre du Travail et de l'Éducation de l'époque, John Dawkins.

1. Cette dernière clause est discutable puisqu'elle réintroduit une inégalité entre ceux dont la famille peut payer tout de suite et ceux qui paieront plus tard avec le fruit de leur travail.

2. Voir Bruce Chapman, « Conceptual Issues and the Australian Experience with Income-Contingent Charges for Higher Education », *The Economic Journal*, 107 (442), p. 738-751, ainsi que Bruce Chapman et Chris Ryan, « The Access Implications of Income Related Charges for Higher Education : Lessons from Australia », *Economics of Education Review*, 24 (5), p. 491-512.

du système universitaire. En 2005, environ quinze ans après la mise en place initiale, ce sont désormais 25 % environ des coûts de l'enseignement supérieur qui sont couverts par les remboursements. De fait, les projections disponibles suggèrent un taux de recouvrement des dettes des diplômés par l'État très important, compris entre 75 % et 95 %. Un tiers seulement des étudiants paient les droits au moment de l'inscription, les deux autres tiers choisissant la formule du remboursement différé et conditionné aux revenus. S'agissant des inégalités, une enquête conduite par le conseil australien pour la recherche en éducation permet de comparer les décisions d'entrée à l'université avant et après la réforme, selon que l'étudiant est issu des classes supérieures, des classes moyennes ou des classes populaires [1]. Ces données confirment que la réforme n'a pas empêché la poursuite d'une hausse très rapide du public universitaire, mais surtout que cette hausse a été à peu près aussi sensible dans les catégories sociales les plus modestes (+ 31 %) que dans les catégories sociales les plus aisées (+ 32 %). Une enquête plus qualitative auprès de lycéens montre que la perspective d'avoir à rembourser plus tard une partie des frais de scolarité n'est pas vraiment une préoccupation et ne figure pas du tout parmi les critères majeurs entrant dans leur décision de poursuivre ou non leurs études à l'université.

1. Dans ce rapport, les catégories sociales sont construites à partir d'un indice résumant l'information contenue dans une batterie de questions sur le patrimoine des familles. Les catégories sont construites de manière à ce que les classes supérieures et les classes modestes représentent chacune 25 % de la population, les classes moyennes les 50 % restant (familles situées entre le quartile supérieur et le quartile inférieur de la distribution de l'indice).

Trop de réforme tue la réforme

À la fin des années 1990, une seconde vague de réformes est entreprise par le nouveau gouvernement conservateur australien. Les droits d'inscription sont encore augmentés substantiellement (+ 70 %) et modulés de façon très importante selon les filières. Certaines filières (comme les sciences sociales) impliquent des droits d'inscription annuels de 3 300 dollars. D'autres, des droits beaucoup plus élevés, jusqu'à 5 500 dollars annuels (pour la médecine, par exemple).

Toutes les filières n'induisent pas les mêmes coûts, et il est tout à fait légitime de moduler la contribution des diplômés en fonction du montant réel investi par la collectivité dans leur formation. C'était sans doute l'un des défauts de la réforme de 1988 que d'avoir négligé cet aspect. Toutefois, l'un des problèmes de la seconde réforme australienne est que la modulation introduite ne reflète pas uniquement les coûts effectifs des scolarités. Elle cherche également à traduire la valeur marchande supposée des différentes formations. C'est ainsi que, dans le nouveau système, une formation de droit coûte une fois et demie plus cher qu'une formation aux métiers de l'aide sociale (4 700 contre 3 300 dollars), alors que les coûts effectifs des scolarités ne sont pas vraiment différents. Le principe consistant à rendre les remboursements d'autant plus importants que les diplômes sont « rentables » sur le marché du travail est assez discutable. Ce dispositif peut inciter les universités à mieux placer leurs étudiants sur le marché du travail, mais conduit également à détourner les élèves des filières les plus demandées, ce qui est contre-productif. Par ailleurs, la seconde réforme australienne abaisse le seuil au-delà duquel le remboursement des droits devient exigible de plus de 30 % (21 000 contre 28 000 dollars). Combiné à la hausse des droits, il introduit néanmoins un risque de déprime de la demande d'éducation dans les catégories les plus pauvres de la population étudiante. Enfin et surtout, la réforme de la fin des années 1990 introduit une marge de liberté permettant aux universités de fixer librement les droits d'inscription pour un contingent pouvant aller jusqu'au quart de leurs effectifs.

Il ne semble pas que les universités australiennes se soient jusqu'à présent beaucoup saisies de ce degré de liberté, mais c'est sur le plan théorique celui qui s'éloigne le plus de l'esprit initial des réformes australiennes. Pour la première fois, le système australien introduit en effet une possibilité de hausse des frais universitaires sans mécanismes précis de financement garantis par l'État. Tant du point de vue de l'équité que de l'efficacité, il semble pourtant essentiel d'assortir toute augmentation de la contribution demandée aux étudiants d'un mécanisme les aidant à faire face à cette charge supplémentaire sans avoir à travailler davantage pendant leurs études ni à emprunter auprès d'une banque privée. Seuls les étudiants les plus aisés ont accès au système de prêts bancaires, et le travail durant les études est un facteur d'échec et d'encombrement des universités. Les conservateurs australiens semblent en fait avoir commis la même imprudence que leurs homologues néo-zélandais une décennie plus tôt.

En effet, la Nouvelle-Zélande s'est, elle aussi, engagée dans la voie des prêts à remboursement différé et conditionnel aux revenus, peu de temps après l'Australie, en 1992. Mais contrairement à l'Australie, elle a évolué, sans transition, vers une situation où les universités étaient totalement libres de fixer leurs droits d'inscription et où les prêts consentis aux étudiants étaient remboursés moyennant le même taux d'intérêt que n'importe quel prêt commercial. Il en a résulté une inquiétude très forte des familles devant la dette des jeunes diplômés et un rejet assez rapide de ce système. Suite au retour des travaillistes au pouvoir, un plafond a été instauré pour les frais d'inscription et les prêts sont désormais à taux zéro. Le relatif échec de la première réforme néo-zélandaise (comme celui des évolutions les plus récentes du système australien) démontre la nécessité d'être extrêmement prudent dans le détail concret des mécanismes de remboursement différé. Le principal problème aujourd'hui est que l'on dispose d'assez peu d'évaluations empiriques pour bien juger de la pertinence des différentes options qui s'offrent au réformateur.

Un exemple européen : la réforme britannique

La réforme du financement des universités votée en 2004 en Angleterre, sous l'impulsion de Tony Blair, est trop récente pour avoir délivré ses leçons. S'inspirant directement de l'exemple australien de la fin des années 1990, elle démontre néanmoins que cette dernière peut s'exporter sous d'autres climats [1].

1. Pour une analyse de la façon dont le système peut s'adapter en France, voir les travaux de Robert Gary-Bobo et d'Alain Trannoy. Par exemple, Alain Trannoy, « Financement des universités, financement des études », *Revue d'économie politique*, 116 (6), 2006, p. 745-782, ou encore R. Gary-Bobo et A. Trannoy, « Une réforme des universités passe par des prêts aux étudiants », *Reflet et perspectives de la vie économique*, n° 2, 2006, p. 75-81.

Les frais de scolarité relativement modestes, fixes et payables à l'entrée, ont été supprimés au profit de frais plus importants, variables d'une filière à l'autre et à paiement différé. Plutôt que de demander tout de suite aux étudiants de participer aux frais de leur formation[1], on ne commence à leur demander de rembourser qu'à partir du moment où ils gagnent plus de 15 000 livres sterling par an. Les remboursements sont calculés chaque année comme un pourcentage du revenu et s'adaptent donc mécaniquement aux fluctuations des ressources disponibles. Quand le salaire tombe en dessous des 15 000 livres, le remboursement s'interrompt, de même qu'il s'interrompt définitivement vingt-cinq ans après l'obtention du diplôme, que le diplômé ait ou non achevé de rembourser sa scolarité. Les frais de scolarité sont payés directement par le gouvernement aux universités et les remboursements sont versés par les diplômés directement dans les caisses de l'État. Les frais ainsi versés sont modulés en fonction du coût des cursus au terme desquels le diplôme est obtenu, mais plafonnés à 3 000 livres par an.

Il va sans dire que la réforme a rencontré beaucoup d'opposition, chez les étudiants bien entendu (alors même qu'en abolissant les frais payables à l'entrée, elle libère en partie des contraintes financières qui pèsent directement sur la vie étudiante), mais également au sein de la majorité travailliste de l'époque. Elle n'a finalement été adoptée que d'extrême justesse et après que Blair eut mis son mandat en balance devant le Parlement. Comme en Australie, l'un des arguments les plus tenaces contre la réforme était que l'augmentation des frais de scolarité dans les filières les plus

1. Avant la réforme, les étudiants devaient payer environ 1 100 livres par an.

coûteuses risquait de décourager les étudiants les plus pauvres d'y tenter leur chance. Cela n'a pas été le cas en Australie. Il est trop tôt pour savoir si cela sera le cas en Angleterre, même si, d'un côté comme de l'autre, on devrait en fait plutôt attendre l'inverse. Dans un système sans remboursement différé, les principaux financeurs des étudiants sont les familles. Or, qui peut soutenir pendant dix ans un étudiant en médecine sinon les familles les plus aisées ? Dans le nouveau système, ce sont les médecins eux-mêmes, une fois installés, qui financent leur propre jeunesse. Le financement par remboursement différé a d'ailleurs une parenté évidente avec un système de sécurité sociale ou un système de retraite. Dans un système de retraite, les actifs cotisent en effet pour assurer leurs vieux jours ; dans le système à remboursement différé, les diplômés insérés dans l'emploi cotisent pour leur jeunesse passée.

CHAPITRE XII

La lutte contre l'échec dans le secondaire et à l'université

Un système de remboursement différé peut-il être adapté au financement de l'enseignement secondaire ? Cette idée paraît difficilement défendable. Les bénéfices attendus du secondaire sont avant tout *sociaux*: éviter qu'une partie de la population ne demeure sans qualification, exposée à la pauvreté, à l'assistance sociale ou à la délinquance. De tels bénéfices sont, par nature, très différents des bénéfices essentiellement *privés* attendus de l'enseignement supérieur (donner à chaque bénéficiaire une chance de rejoindre les classes supérieures de la société). La diffusion la plus large possible d'un enseignement secondaire de qualité représente un enjeu social trop central pour être abandonné aux imperfections du marché.

Quelles mesures contre l'échec dans le secondaire ?

Une autre différence fondamentale entre le supérieur et le secondaire réside tout simplement dans le fait que les élèves concernés sont des adultes, dans le premier cas, et des mineurs, dans le second. S'agissant des décisions d'un étudiant adulte, il est légitime, et même assez sain, d'attendre qu'elles aient été prises en connaissance de cause. C'est beaucoup moins évident dans le cas d'élèves mineurs. En tout cas, on ne peut pas exiger d'un adolescent une vision aussi claire de son avenir (et des bénéfices privés de ses efforts à l'école) que d'un adulte. Par ailleurs, dans le cas des adolescents, la décision de poursuivre ou non leurs études repose implicitement sur les familles, sur leur capacité (et leur volonté) de soutenir ou non leurs enfants. Il serait injuste de demander aux jeunes d'être plus tard comptables de décisions de financement dont ils n'ont été qu'en partie responsables.

Dans la mesure où les adolescents en échec scolaire à la fin du collège sont en souffrance à l'école [1] et n'ont pas d'informations très claires sur les bénéfices privés associés à une prolongation des études au-delà de l'âge minimum, on peut défendre non seulement l'idée d'une totale gratuité de la poursuite d'études secondaires après 16 ans, mais également suggérer que soit versée une aide substantielle aux familles modestes pour qu'elles soient mieux à même de soutenir leurs enfants à ce moment clé de l'adolescence, où beaucoup sont tentés de renoncer à leur carrière scolaire [2].

C'est cette idée qu'ont expérimentée récemment, avec succès, les travaillistes au pouvoir en Angleterre. Les sorties précoces du système éducatif sont très fréquentes dans ce pays, où elles alimentent depuis longtemps un problème

1. Ne serait-ce que parce que poursuivre, tout en étant en échec, a un coût psychologique.

2. En l'absence de telles bourses, la gratuité de la poursuite des études secondaires n'est qu'apparente puisque les familles doivent assurer la subsistance du jeune à un âge où il pourrait commencer à travailler.

social aigu. Selon une étude récente de l'OCDE, un tiers environ des jeunes Anglais de 25-34 ans n'ont aucune qualification secondaire, ce qui place l'Angleterre parmi les tout derniers pays du monde développé du point de vue de la proportion de jeunes sans qualification secondaire. Cela explique aussi sans doute la persistance d'un niveau important d'inégalités et de pauvreté dans un pays où pourtant la croissance économique est forte. Conscient de cet état de fait, conscient également de l'accroissement très net des rendements de l'éducation avec la diffusion des nouvelles technologies, le gouvernement anglais a mis en place en 1999 une expérience dans une dizaine de districts scolaires pilotes, de manière à savoir si l'une des causes profondes du problème n'était pas tout simplement le coût trop élevé de la poursuite des études secondaires par rapport à une entrée précoce sur le marché du travail, notamment dans les milieux modestes. Dans cette expérience, les familles à faibles revenus abritant un adolescent de 16 ans se voient proposer une aide substantielle dès lors que l'adolescent en question persiste à l'école jusqu'à 18 ans. L'aide correspond à un tiers environ de ce qu'un jeune Anglais touche en moyenne en travaillant à temps plein (soit, à l'époque, environ 35 livres sterling par semaine). Des bonus sont accordés chaque trimestre et chaque fin d'année en fonction de l'assiduité et des résultats scolaires. La comparaison méticuleuse des districts où l'expérience a eu lieu avec des districts similaires voisins révèle l'impact assez considérable de cette politique[1]. Deux ans après l'entrée dans le dispositif, on

1. Voir l'évaluation produite par Lorraine Dearden, Carl Emmerson, Christine Frayne, Costas Meghir, « Can education subsidies stop school drop-outs ? an evaluation of Education Maintenance Allowances in England », IFS, 2004.

constate ainsi des taux de scolarisation bien plus élevés dans les districts expérimentaux que dans les districts non expérimentaux (+ 7,6 points chez les garçons, + 5,4 points chez les filles, soit en moyenne une baisse de près d'un quart des départs précoces).

Certains pays, comme la France, proposent déjà des bourses pour aider les collégiens et lycéens issus de milieux modestes. Mais les aides sont souvent dispersées sur un nombre trop important de bénéficiaires et n'atteignent pas le niveau critique qui serait susceptible d'influer réellement sur la poursuite des études. Il semble aujourd'hui nécessaire, dans ces pays, d'expérimenter une concentration plus importante de ces aides sur la fraction de familles réellement en difficulté.

L'aide financière directe n'est qu'un des modes possibles d'intervention. Le problème du logement, le manque de place pour étudier à la maison est l'une des formes de pauvreté les plus pénalisantes à l'adolescence. En France, la probabilité de redoublement à 15 ans est près de deux fois plus élevée pour les adolescents vivant dans des logements surpeuplés (plus d'une personne par pièce) que pour les autres adolescents[1]. Toute initiative permettant d'améliorer directement les conditions de logement des familles, particulièrement à ce moment précis où leurs enfants décident de leur avenir, mériterait également d'être expérimentée.

1. D. Goux et É. Maurin, « The Effect of Overcrowded Housing on Children's Performance at school », *Journal of Public Economics*, 89, 2005, p. 797-819.

L'échec à l'université

Les échecs prématurés au collège ou au lycée sont bien souvent la conséquence des difficultés matérielles rencontrées par de nombreuses familles pour soutenir et loger leurs enfants tout au long de leur scolarité. Une partie du problème réside toutefois ailleurs : dans le sentiment qu'un investissement scolaire supplémentaire ne servira de toute façon à rien, sinon à accumuler de nouveaux échecs, de nouvelles déceptions. Le fait est que la plupart des pays font aujourd'hui face à des taux d'échecs et d'abandon extrêmement élevés dans les premiers cycles universitaires, notamment pour les étudiants d'origine modeste. Réduire cette forme d'échec aurait un intérêt immédiat : augmenter le niveau de qualification des jeunes à l'entrée sur le marché du travail, notamment les plus pauvres d'entre eux. En décongestionnant les premiers cycles, on contribuerait également à accroître la qualité des enseignements que l'on y dispense. Enfin, plus en amont, cela permettrait à nombre de collégiens et de lycéens d'origine modeste d'envisager avec plus d'optimisme l'éventualité d'une entrée dans le supérieur et contribuerait sans doute à réduire la fréquence de leurs abandons prématurés dans le secondaire.

Le grand prestige dont jouit le système universitaire américain ne l'empêche pas d'être exposé, comme les autres, à des taux très importants d'échecs et d'abandon dans les premiers cycles. Comme ailleurs, l'une des causes immédiates de ce phénomène est le décalage entre les connaissances requises pour suivre des études à l'université et le niveau relativement faible d'une partie des lycéens. Pour combler ce déficit et ne pas perdre trop de diplômés potentiels en cours de route, nombre d'universités américaines ont mis en place d'ambitieuses politiques de remise à niveau. On estime aujourd'hui qu'environ un tiers des nouveaux entrants à l'université se voient imposer des cours de remise à niveau, en maths et en anglais notamment. Ces programmes de rattrapage coûtent cher (1 milliard de dollars par an) et, devant la persistance des difficultés, beaucoup de responsables universitaires s'interrogent aujourd'hui sur l'efficacité réelle de ces dispositifs. Est-il efficace de s'échiner à remettre à niveau des élèves qui ne sont peut-être pas faits pour l'âpreté de l'enseignement supérieur ?

Les prérequis exigés varient beaucoup d'un campus à l'autre. Un étudiant ayant obtenu de très bons résultats aux tests de fin d'études secondaires ne se verra nulle part imposer de cours de remise à niveau. Inversement, un étudiant ayant obtenu des résultats très faibles se verra imposer de tels cours à peu près partout. En revanche, un ancien lycéen de niveau intermédiaire peut se voir imposer des cours de remise à niveau dans certaines universités et pas dans d'autres. Dans une étude récente, Eric Bettinger et Bridget Long utilisent cette particularité du système américain pour évaluer l'impact des dispositifs de remise à niveau aujourd'hui en vigueur dans l'Ohio[1]. Ils disposent d'un vaste échantillon de 28 000 étudiants entrés dans l'une des universités de cet État en 1998, puis suivis pendant cinq ans, avec une information détaillée sur leur lieu de résidence d'une part, et sur les politiques de remise à niveau pratiquées par les différents

1. Eric Bettinger et Bridget Long, « Addressing the needs of under-prepared students in higher education : does college remediation work ? » NBER, n° 11325, 2005

établissements universitaires, d'autre part. Selon ces données, près de 40 % des étudiants entrés en 1998 ont abandonné l'université sans diplôme cinq ans plus tard, auxquels il faut ajouter 16 % n'ayant toujours pas achevé le programme de quatre ans après cinq années de cours. Soit, il faut bien en convenir, des problèmes assez massifs. Pour évaluer le rôle des cours de remise à niveau, la stratégie des deux chercheurs consiste à comparer les résultats universitaires des étudiants selon la politique pratiquée par l'université la plus proche de leur domicile au moment de leur départ du lycée. Sans trop de surprise, plus les seuils au-dessous desquels est exigée une remise à niveau sont élevés, plus la probabilité que l'étudiant ait lui-même suivi une telle remise à niveau est forte. Ce résultat est la simple conséquence du fait que la très grande majorité des étudiants fréquentent l'université la plus proche de leur domicile[1]. Résultat beaucoup moins prévisible, les notes obtenues ultérieurement par l'étudiant aux examens universitaires sont, elles aussi, d'autant plus élevées que les seuils pratiqués par l'université la plus proche du lieu de résidence sont élevés. Les étudiants ont, par exemple, une probabilité d'autant plus forte de réussir leur diplôme sans redoubler qu'ils résidaient (au moment du lycée) à proximité d'une université offrant des cours de remise à niveau à une large proportion d'étudiants. Il faut souligner que ces résultats, plutôt encourageants, ne reflètent pas une qualité particulière des lycéens résidant à proximité des universités les plus exigeantes en terme de prérequis : on ne constate pas de corrélation entre

1. Les enquêtes menées auprès des lycéens suggèrent qu'ils n'ont pas une idée exacte des politiques de soutien menées par les universités les plus proches de leur domicile.

les seuils de compétence au-dessous desquels les universités exigent une remise à niveau et le niveau des lycéens résidant à proximité (tel que mesuré lors des tests de fin d'études secondaires). Cet ensemble de résultats suggère que les étudiants américains tirent réellement bénéfice à l'existence de politiques de remise à niveau. À niveau donné au lycée, ceux qui ont la chance de résider près d'une université investissant beaucoup dans le rattrapage scolaire en maths et en anglais s'en tirent plutôt mieux et plus rapidement que les autres. Il s'agit d'une piste encore sous-utilisée, notamment en Europe.

Les taux d'échec et de redoublement (et la congestion des filières qui en résulte) sont pourtant une source de préoccupation tout aussi aiguë pour les universités européennes, notamment dans les filières qui n'ont pas le droit de sélectionner leurs étudiants à l'entrée. Dans une étude récente, quatre chercheurs italiens explorent l'idée d'une modulation des frais d'inscription en fonction du temps mis à obtenir le diplôme [1]. Pour éclairer cette question, ils utilisent les particularités du système des droits d'inscription de l'université Bocconi à Milan. Cette institution impose à ses étudiants des droits augmentant de façon discontinue avec le revenu imposable déclaré par la famille de l'étudiant. Il y a douze seuils de revenus, et les droits d'inscription peuvent varier de façon non négligeable pour des étudiants en tout point identiques, sinon que leurs familles sont juste au-dessus ou juste au-dessous des différents seuils du barème. Les chercheurs se concentrent sur les étudiants en quatrième année (la

1. Pietro Garibaldi, Francesco Giavazzi, Andrea Ichino et Enrico Rettore, « College cost and time to complete a degree : evidence from tuition discontinuities », NBER working paper, n° 12863, 2007.

dernière du programme) et comparent les résultats scolaires des étudiants, selon précisément que les revenus de leurs familles se situent juste au-dessus ou juste au-dessous des seuils définissant les augmentations brutales des droits d'inscription. Résultat éloquent, ils identifient un effet sensible d'une augmentation des droits sur la probabilité de réussir sa quatrième année du premier coup. Les étudiants situés juste au-dessus des seuils (ceux qui payent plus) réussissent plus vite que ceux situés juste au-dessous (pour qui l'année perdue coûte moins cher). Dans cette université, où à peine 20 % des étudiants achèvent leur diplôme sans redoubler en quatre ans, les estimations produites par Pietro Garibaldi, Francesco Giavazzi, Andrea Ichino et Enrico Rettore suggèrent qu'une augmentation de 1 000 euros des droits de scolarité à partir de la quatrième année dans le programme augmenterait ce taux de réussite de 6 points, sans accroître par ailleurs le taux d'abandon ni diminuer les notes obtenues à l'examen final. Dans ce cas précis, l'incitation financière semble bien avoir un effet non négligeable sur l'investissement personnel des étudiants dans leur scolarité. La mise en œuvre de ce type de politique génère par ailleurs des externalités positives en décongestionnant les filières où elle s'applique. De façon plus générale, l'étude milanaise suggère que l'on pourrait tirer un certain bénéfice à moduler les frais d'inscription en fonction du temps passé pour réussir les examens. Une idée cousine (non explorée à ma connaissance) serait de moduler les aides ou l'accès aux prêts des étudiants en fonction de cette même variable de temps passé à obtenir les crédits universitaires.

Une expérience un peu différente a été menée récemment à l'université d'Amsterdam où un groupe d'étudiants (tirés au sort dans un ensemble de volontaires) s'est vu proposer un système de primes comprises entre environ 230 et 680 euros par an pour l'accomplissement sans redoublement, du premier coup, de leur première année universitaire. De façon intéressante, cette incitation financière a généré un surcroît significatif de réussite chez les étudiants potentiellement les meilleurs (soit ceux qui avaient les meilleurs résultats au lycée), mais semble avoir en même temps *déprimé* les performances des étudiants potentiellement les plus faibles, le solde des deux effets n'étant que très légèrement positif sur le taux de succès moyen [1]. Ce résultat, à première vue surprenant, semble cohérent avec certains résultats de psychologie expérimentale : les primes à la réussite peuvent tout simplement déprimer ceux qui sont *ex ante* les moins en capacité de réussir (ils refusent finalement d'autant plus de jouer le jeu que l'enjeu a été souligné et grandi). Une expérience plus riche est en cours au Canada où un système d'incitation financière a été mis en place en même temps qu'un système de tutorat et de service d'information rendu aux étudiants [2]. Les résultats encore provisoires semblent toutefois assez décevants : certains effets positifs sur les performances des étudiants sont repérables à court terme, mais semblent s'effacer assez rapidement avec le temps.

Le problème de l'échec dans les premiers cycles universitaires ne se réglera sans doute pas uniquement, ni même prin-

1. Pour combiner les expériences italienne et néerlandaise, il faudrait expérimenter un système où les meilleurs étudiants acceptant de rejoindre une université auraient accès à un système de primes au non-redoublement tandis que les étudiants les plus faibles acceptés auraient droit à un système de cours de remise à niveau.

2. Le lecteur intéressé par cette expérience pourra suivre l'évolution des résultats sur le site de Ph. Oreopoulos, lequel en a fait, en 2006, une présentation d'étape au séminaire d'*Économie du travail et des politiques publiques* de l'École d'économie de Paris.

cipalement, en améliorant les systèmes d'incitation financière ou les programmes de soutien. Les causes de l'échec se situent également dans la façon très approximative dont sont orientés nombre de lycéens, notamment les plus faibles. Ces problèmes d'orientation découlent en partie des déséquilibres entre les filières sélectives et non sélectives de l'université. L'exemple de la France est, dans ce domaine encore, assez parlant. Une partie de l'échec en premier cycle y est clairement due à la coexistence de filières universitaires technologiques ou professionnelles courtes autorisées à sélectionner[1] et de filières généralistes tenues d'accueillir tous les candidats bacheliers qui se présentent à leurs portes. Sélectives et opérationnelles, les filières technologiques et professionnelles courtes de l'université affichent de très bons résultats sur le marché du travail et attirent, par conséquent, les meilleurs bacheliers, y compris ceux issus des filières généralistes du lycée. On estime ainsi que près des deux tiers des étudiants fréquentant un Institut universitaire technologique (IUT) sont en réalité issus des filières généralistes des lycées. Du fait de cette compétition, de nombreux bacheliers issus des filières professionnelles et technologiques du lycée (et notamment les plus faibles) ne trouvent pas de place en STS ou en IUT et, comble du paradoxe, se rabattent sur les premiers cycles des filières généralistes de l'université, les moins faites pour eux. Au final, les lycéens les moins préparés à des études académiques longues se retrouvent concentrés dans les filières les plus généralistes de l'université et y connaissent, sans surprise, des taux d'échec massifs. On estime, par exemple, que plus de 80 % des

1. Notamment les Sections techniciens supérieurs (STS), les Instituts universitaires technologiques (IUT), les filières médicales et paramédicales.

bacheliers issus des filières professionnelles du lycée et tentant une expérience universitaire généraliste échouent à obtenir leur diplôme[1]. Il existe une tendance en France à tirer à boulets rouges sur les premiers cycles universitaires et leur taux d'échec. En fait, ils n'y sont réellement très élevés que parmi les bacheliers issus des filières professionnelles et (à un moindre degré) technologiques des lycées, ce qui serait presque réconfortant sur la nature des enseignements dispensés dans ces filières : effectivement, elles ne préparent pas à des études d'historien ou de sociologue de l'éducation...

Il n'y a clairement pas une voie unique d'amélioration de l'accueil des lycéens à l'entrée de l'université en France. On peut ou bien s'attaquer directement aux absurdités de l'orientation des lycéens ou bien tenir ces problèmes pour insolubles et essayer avant tout de réduire le gouffre entre les élèves les plus faibles et les filières qui les accueillent aujourd'hui. Miser sur la seule première solution et s'attaquer en profondeur aux déséquilibres de l'orientation actuelle ne sera pas simple. Les problèmes ne pourront en effet se résoudre qu'à la condition de rééquilibrer au minimum les capacités de sélection entre les filières technologiques et généralistes (ou, si l'on veut, rééquilibrer leurs obligations d'accueil), de manière à aboutir à une orientation globalement un peu moins absurde des lycéens des filières professionnelles et technologiques. Cela présenterait l'avantage, au passage, de générer, en amont, de meilleures incitations aux lycéens pour le choix de leurs filières. Il semble assez évi-

1. À l'inverse, pour les bacheliers issus des filières généralistes du lycée, ce sont les taux d'obtention d'un diplôme en trois ans ou moins qui dépassent les 80 %.

dent toutefois que l'on gagnerait également à réformer les premiers cycles généralistes, en accroissant sérieusement les moyens mis à leur disposition pour la remise à niveau des élèves et en œuvrant, un tant soit peu, à leur déspécialisation. Le degré de spécialisation actuel des premiers cycles est totalement absurde au regard des publics qui objectivement les fréquentent. Faire des premiers cycles des moments d'orientation pluridisciplinaires (plutôt que des moments de primo-spécialisation) aurait l'intérêt d'inciter les différentes disciplines à envoyer leurs meilleurs enseignants y exercer de manière à séduire et attirer les meilleurs étudiants.

Au-delà de l'échec prématuré dans le secondaire, la question des redoublements et des abandons au cours des premiers moments passés à l'université est appelée à prendre une importance décisive dans l'avenir. La plupart des pays aujourd'hui engagés dans le développement de leur enseignement supérieur font face à des taux d'échec élevés, plutôt en croissance et très inégalement répartis entre étudiants issus de milieux sociaux différents. Il est sans doute inévitable que les premières années dans l'enseignement supérieur deviennent de plus en plus celles où s'opèrent la sélection et la réorientation des étudiants vers les filières les plus adaptées à leurs capacités. Mais il n'est pas moins clair que les taux d'échec très élevés observés dans certaines filières et pour certaines catégories d'étudiants pourraient être largement réduits par des politiques plus efficaces d'orientation, de remise à niveau, de meilleures incitations données aux étudiants et aux enseignants, voire par un rééquilibrage entre les filières sélectives et non sélectives.

CONCLUSION

L'éducation fait-elle le bonheur ?

Ouvrir les portes du système éducatif à des catégories qui jusqu'ici n'y avaient pas ou rarement accès : tel fut, tel est encore l'objectif de la démocratisation scolaire. Souvent identifiée à des réformes relativement récentes et à des mesures plus ou moins techniques, cette politique participe en réalité d'une histoire qui la dépasse assez largement : le long mouvement des démocraties vers une plus grande égalité entre personnes issues de milieux sociaux différents. Dans l'économie générale de cette histoire, la promesse d'égalité n'a, en effet, jamais pu se réduire à l'égalité formelle des droits civils et politiques : elle a dû faire face très tôt, sinon à une demande d'égalité des conditions réelles d'existence, du moins à une revendication d'égalité des chances scolaires entre enfants d'origines sociales différentes.

C'est en ce point précis que la question scolaire se noue à la question sociale. L'école est en effet investie d'une mission de justice, qui s'est d'abord accomplie sous la forme d'une méritocratie : il s'agissait alors de substituer à l'arbitraire de la naissance et de la fortune les forces légitimes du mérite et de l'effort. Dans le même esprit, l'enseignement secondaire, autrefois payant, devint gratuit, des concours d'entrée se substituant au paiement des droits d'inscription et des frais de scolarité. Mais, comme la gratuité et la méritocratie ne suffisent pas à elles seules à conjurer le poids des inégalités de départ, l'exigence de justice s'est bientôt formulée d'une manière plus globale et plus ambitieuse : doter chaque enfant, quels que soient son milieu et son origine sociale, ses handicaps ou ses talents, des meilleures conditions de réalisation de soi et d'accès à l'autonomie. Il s'agissait désormais, non seulement de faire valoir le mérite individuel, mais également de laisser à ce mérite le temps et l'opportunité de se révéler et de s'exprimer, bref de favoriser son éclosion à travers un système éducatif moins précocement et moins brutalement sélectif.

Comme nous l'avons vu dans les pages qui précèdent, toutes les démocraties ne sont pas allées aussi vite ni aussi loin dans cette direction. Les systèmes éducatifs allemand ou autrichien restent plus sélectifs que le système français, et ce dernier demeure plus fermé et inégal que les systèmes suédois ou finlandais. En dépit des obstacles et des polémiques qu'il a partout suscités, ce processus historique dessine toutefois la tendance de fond de ces cinquante dernières années dans de nombreux pays : les enseignements primaire et secondaire sont devenus accessibles au plus grand nombre, et les puissances de l'hérédité sociale sont aujourd'hui mieux contenues qu'elles ne l'étaient pour les générations de nos grands-parents, voire de nos parents. Les générations d'enfants de paysans et d'ouvriers suédois ou français, bénéficiaires des réformes d'après-guerre, connaissent un destin social sans rapport avec celui qui aurait été le leur sans l'avènement de l'école unique dans leur pays[1]. Tel que nous

1. Analysant plus d'une centaine d'enquêtes dans onze pays européens, le livre récemment édité par Richard Breen *Social mobility in Europe* Oxford University Press, 2004, confirme une baisse quasi générale de l'hérédité sociale en Europe depuis la fin des années 1960.

avons pu le retracer dans ce livre, le bilan du gigantesque effort de démocratisation de l'école au cours de la deuxième moitié du XXe siècle est plus qu'honorable.

Restons toutefois lucides : le processus n'est ni achevé ni assuré de pouvoir se prolonger partout. La proportion de jeunes qui sortent de l'école sans qualification reste importante dans de nombreux pays. Beaucoup d'adolescents et de très jeunes adultes européens n'ont encore aujourd'hui d'autre choix que de chômer ou de travailler pour un salaire très faible, quand c'est d'une formation de qualité qu'ils auraient le plus besoin. Par ailleurs, dans bien des pays, la proportion d'étudiants qui obtiennent une qualification universitaire est encore très loin d'atteindre l'objectif de 50 % d'une génération que s'est récemment fixé l'Angleterre. Surtout, les inégalités d'accès à l'enseignement supérieur selon l'origine sociale restent considérables. Les filières les plus prestigieuses du supérieur demeurent aujourd'hui ni plus ni moins étanches qu'autrefois aux enfants issus des familles les plus modestes. De nouveaux caps devront être franchis et ils ne le seront pas en appliquant les recettes du passé. Au-delà même des difficiles questions de financement, l'ouverture de l'enseignement supérieur exige que soient repensés la vocation et le fonctionnement de chacun des étages du système scolaire. Et ce, d'autant plus qu'aux missions de justice dont l'école est investie s'ajoute plus que jamais un impératif d'efficacité économique. Face à un environnement qui valorise toujours plus le capital humain, à des entreprises qui recherchent des qualifications toujours plus élevées, à des mutations technologiques et organisationnelles qui fragilisent le travail routinier et peu qualifié, disposer d'une bonne formation est de plus en plus indispensable pour les individus, et disposer d'une main-d'œuvre bien formée de plus en plus vital pour la société dans son ensemble. De ce point de vue, je l'ai montré, le scepticisme croissant au sujet de la valeur des nouvelles formations secondaires et universitaires, n'est pas justifié. Il est même, pour tout dire, individuellement et collectivement assez dangereux.

Face à ces défis, les résistances nationales n'incitent pas à l'optimisme. Les politiques de démocratisation scolaire trouvent certes leur sens profond dans ce double paysage du développement des sociétés démocratiques et des transformations de leur organisation économique. Mais elles sont en réalité rarement comprises de cette manière. Dans la plupart des pays, les questions éducatives sont perçues comme des enjeux culturels ou générationnels, et pour ainsi dire intimes. Elles sont chargées de lourds affects et de jeux d'intérêts tout aussi déterminants : pour les mieux lotis, défendre l'école qui les a formés, c'est aussi défendre l'ordre qui a consacré leur position, qui les a « faits ». Pour toutes ces raisons, les réformes du système éducatif donnent lieu à des querelles de clochers qui peuvent souvent paraître très éloignées des tendances longues de l'histoire démocratique ou des mutations de l'économie mondiale.

Je ne reviendrai pas ici sur les objections des élitistes et des malthusiens, qui ont été longuement réfutées tout au long de ce livre. Je crois cependant nécessaire de faire une place à un parti pris d'un troisième type, rencontré à plusieurs reprises au détour des derniers chapitres. Je veux parler de ce libéralisme idéologique que l'on voit s'infiltrer depuis plusieurs années dans le monde des politiques éducatives, et qui exalte partout les valeurs de concurrence et de libre choix. Ce discours se distingue des précédents à bien des égards : contrairement aux élitistes, il peut faire bon ménage avec une certaine conception de l'égalité des chances (voire en revendiquer la définition la plus étroite) et, contrairement aux malthusiens, il ne repose nullement sur un diagnostic de pénurie et un pari de stagnation. S'il défend les idées de compétition et de sélection, ce n'est pas parce que les « bonnes places » seraient rares, ce n'est pas non plus au nom d'un ordre traditionnel ou naturel, mais au nom d'une plus grande efficacité.

La dynamique dont jouit aujourd'hui ce libéralisme idéologique est considérable. L'école elle-même n'échappe pas au vent de remise en cause des institutions de l'État providence qui s'est levé dans le sillage de la grande dépression des années 1970. L'idée s'est, on le sait, peu à peu imposée qu'un usage efficace des ressources publiques reposait nécessairement sur une mise en concurrence des bénéficiaires potentiels. Dans le domaine scolaire comme dans d'autres, les initiateurs furent les conservateurs américains dans les années 1980, la vague de contre-réformes traversant ensuite l'Atlantique pour atteindre d'abord le Royaume-Uni, puis avec un léger contretemps l'Europe continentale. Comme nous avons eu l'occasion de le vérifier au long de ce livre, l'application pure et simple des principes concurrentiels à l'enseignement primaire et secondaire ne semble pourtant pas produire d'indiscutables améliorations dans le niveau objectif des performances scolaires. En outre, elle place les enfants et leurs familles dans une situation d'éternels compétiteurs, dont on peut craindre qu'elle soit peu profitable aux enfants eux-mêmes, peu conforme à la manière dont ils se construisent psychologiquement et socialement, et finalement contraire aux objectifs – à la fois sociaux et économiques – de la démocratisation.

De fait, si les bénéfices objectifs de la sélection et de la concurrence précoces restent incertains, les coûts subjectifs, eux, semblent bien réels. Les Nations unies ont mené récemment une enquête dans une vingtaine de pays industrialisés de manière à construire une quarantaine d'indicateurs sur le bien-être des enfants, tant matériel que psychologique [1]. Il ressort de cette vaste étude que les pays où la situation moyenne est la plus préoccupante (particulièrement du point de vue psychologique) sont précisément ceux où la logique du choix et de la concurrence a été poussée le plus loin : les États-Unis (20e sur 21) et le Royaume-Uni (20e). Juste devant eux, on trouve les vieilles sociétés sélectives et autoritaires d'Europe continentale comme l'Autriche (18e), la France (16e) ou l'Allemagne (11e). Et loin devant, les démocraties du nord de l'Europe. Il faut bien sûr prendre ce genre de palmarès avec beaucoup de prudence. Toutefois, cette enquête s'ajoute à un ensemble de signaux alarmants qui s'accumulent aujourd'hui au sujet de la jeunesse des sociétés anglaise et américaine. Les psychiatres anglais ont ainsi constaté récemment un accroissement assez considérable au cours des vingt dernières années des problèmes psychologiques (dépression, anxiété) ainsi que des problèmes de comportements (violence, vol…) chez les adolescents de leur pays, chez les filles comme chez les garçons, dans les milieux aisés comme dans les milieux plus modestes [2].

Il est difficile d'isoler ce qui distingue les sociétés et les époques les plus dépressives des autres. Les corrélations ne

1. Voir Unicef, *Child Poverty in Perspective : An Overview of Child Well-Being in Rich Countries*, Innocenti Report Card 7.

2. Stephan Collishaw, Barbara Maugham, Robert Goodman et Andrew Pickles, « Time Trends in Adolescent Mental Health », *Journal of Child Psychology and Psychiatry*, 45 (8), p. 1350-1362.

sont pas si claires entre le désarroi psychologique d'une population et sa situation économique, par exemple. Ce que le bon sens suggère, en revanche, et que de récentes expériences de psychologie expérimentale[1] confirment, c'est que les principales clés de l'équilibre psychologique de chacun sont de savoir se donner d'autres points de comparaison que la réussite de ses voisins ou de ses collègues, d'une part, et, d'autre part, de savoir se fixer des objectifs en rapport avec ses aptitudes propres. Il existe mille manières d'organiser ses rapports avec les autres, mais ceux d'entre nous dont le but exclusif est de faire mieux que leurs congénères sont également, en moyenne, les plus malheureux, les plus exposés à l'anxiété, à la déception et à la dépression. En revanche, ceux d'entre nous qui savent s'affranchir d'une perpétuelle logique de concours, se donner des objectifs indépendants des réalisations des autres et cohérents avec leurs capacités initiales, ceux-là sont tout simplement les moins fragiles et les plus aptes au bonheur.

Quel est le rapport avec l'école ? L'école est désormais l'endroit où chacun, dès son plus jeune âge, est sans cesse évalué et invité à se comparer aux autres. L'école est aussi un lieu où les buts proposés sont bien souvent les mêmes pour tous, sans réelle possibilité d'adaptation aux aptitudes initiales de chacun. En fait, c'est un lieu où le seul but commun à chacun des élèves finit par être, purement et simplement, de réussir mieux que les autres. Cet aspect n'est bien entendu pas aussi prononcé dans tous les pays ni dans toutes

1. Voir par exemple les quatre expériences présentées dans Bertrand Schwartz, Andrew Ward, John Monterosso, Sonya Lyubomirsky, Katherine White et Darrin Lehman, « Maximizing versus satisficing : happiness is a matter of choice », *Journal of Personality and Social Psychology*, 83 (5), p. 1178-1197.

les écoles, mais la compétition scolaire s'est partout accrue dans le monde au cours des décennies récentes : les enfants sont tous très tôt notés, comparés et rendus extrêmement sensibles à leur niveau relatif. En France, ce n'est pas tant le niveau absolu d'un élève qui détermine son exposition au redoublement et à l'échec, que son niveau relatif, le fait qu'il figure ou non parmi les derniers de sa classe.

Qu'on le veuille ou non, l'école n'est ainsi pas simplement un lieu où se transmettent des connaissances. C'est également une institution où se façonnent les dispositions ultérieures à vivre en harmonie et en confiance avec les autres, ou au contraire en compétition avec eux et dans la défiance à leur égard. Bref, l'école est un lieu où s'inculquent des façons de vivre en société. Ce qui est ici en jeu, ce n'est pas le contenu des enseignements au sens étroit, mais les valeurs et les représentations que véhicule la manière même d'enseigner et d'évaluer les enfants. Dans la manière d'apprendre à lire, à écrire ou à compter, se dessine un rapport aux autres et à soi-même, et partant une certaine disposition ou une certaine inaptitude au bonheur.

On oppose rituellement l'instruction (la transmission des savoirs, la face « noble » de l'école) à l'éducation (le savoir-vivre en collectivité, la face « vulgaire »), quand toute instruction est indissociablement une œuvre d'éducation. Devant le désarroi croissant de leurs jeunesses, c'est bien ce que semblent être invités à redécouvrir les pays qui poussent le plus loin dans l'enfance la logique de la sélection et de la concurrence.

Dans leur rapport de 2007, les Nations unies rapportent les résultats d'une enquête où l'on s'enquiert auprès d'adolescents de 11-15 ans de ce qu'ils pensent de leurs camarades de classe. Dans une majorité de pays, plus des deux tiers des enfants déclarent trouver la plupart de leurs camarades agréables et disponibles à l'entraide. Ces proportions perdent toutefois près de 20 points et tombent à environ 50 % en France ou aux États-Unis, et environ 40 % en Angleterre, ces mêmes pays où la logique de la compétition et de la sélection est poussée le plus loin à l'école et dans la société.

Dans un livre récent, l'économiste anglais Richard Layard invite à une réforme profonde de l'enseignement dans son pays [1]. Il exhorte l'institution scolaire à jouer cartes sur table, à accepter de se penser explicitement non pas comme un simple lieu de transmission des connaissances, mais également comme le lieu privilégié de transmission des dispositions au vivre-ensemble et, pour tout dire, au bonheur. L'enjeu n'est ni plus ni moins d'amener à maturité de nouvelles générations d'Anglais, non seulement mieux instruits, mais également capables de vivre ensemble plus heureux après avoir fait l'apprentissage d'une plus grande confiance mutuelle.

Avant de suivre R. Layard sur le terrain ambitieux d'une refondation morale de l'Occident, on est tenté de souligner, plus prosaïquement, que la promotion d'un enseignement primaire et secondaire moins obsédé par les classements et incitant à davantage de coopération entre les élèves est sans doute, tout simplement, la condition première de réussite et d'accomplissement d'une nouvelle étape dans le développement de l'enseignement supérieur.

D'un strict point de vue économique, il demeure aujourd'hui très difficile de comprendre pourquoi tant de jeunes quittent l'école si tôt, pourquoi ils ne persévèrent pas plus longtemps, malgré leurs échecs. L'analyse méticuleuse des

1. Richard Layard, *Happiness. Lessons from a new science*, Penguin Books, 2005.

réformes de la durée obligatoire de scolarisation aux États-Unis ou en Angleterre révèle par exemple que ceux que ces politiques *obligent* à rester plus longtemps à l'école y gagnent en fait ensuite énormément tout au long de leur vie ; ils y gagnent en tout cas infiniment plus qu'ils ne semblent y perdre sur le moment en abandonnant une année de salaire. Mais pourquoi faut-il donc les *obliger* à rester à l'école plus longtemps ? Cette énigme invite aujourd'hui les économistes à intégrer dans leurs analyses des ingrédients auxquels ils répugnent en général à donner de l'importance, par exemple le mal-être subjectif des jeunes relégués depuis leur plus jeune âge au fin fond des classements scolaires. Il sera difficile de réaliser de nouveaux progrès dans l'œuvre de démocratisation de l'école sans lutter contre ce mal-être et sans comprendre ce qui, dans notre façon même d'instruire la jeunesse, génère le rejet de l'école.

TABLE

TROISIÈME PARTIE
Les nouveaux défis de la démocratisation scolaire

RÉALISATION : PAO ÉDITIONS DU SEUIL
IMPRESSION : CORLET IMPRIMEUR S.A. CONDÉ-SUR-NOIREAU
DÉPÔT LÉGAL : SEPTEMBRE 2007. N° 105600
IMPRIMÉ EN FRANCE